相手をうならせ
契約につなげる

仕掛ける雑談

日経メディアプロモーション株式会社
増田勝則　須原敦

日経HR
NIKKEI HUMAN RESOURCES

はじめに

お客様と何を話せばよいのか分からない……。
何回も訪問しているのに、なかなか商談が進まない……。
こういった悩みを持ったことはありませんか？

今や、メールやＳＮＳでコミュニケーションを取ることがありふれた社会になりました。その一方で、直接会って言葉で伝えることが少なくなってきています。そのせいか会話によるコミュニケーションに苦手意識を持っている人も多いのではないでしょうか。

著者の２人は、多くの企業や大学で「日本経済新聞の読み方講座」を実施しておりますが、受講者から多く頂く感想が、「どうすればそんなに上手に面白く話せるのですか？」というものです。

その答えは雑談の活用にあります。**一番伝えたいことに興味を持ってもらえるように、相手を引きつける雑談ができれば相手は楽しく話を聞いてくれるのです。**

雑談なんて意味のない世間話と同じだと思っていませんか？

そもそも「雑談」と「世間話」の違いとは、何でしょうか？

世の中の出来事を話題にするという意味ではどちらも同じですが、とりとめのない内容で気楽に話すのが世間話です。一方で、雑談はいろんな情報を混ぜて（＝雑）、言葉の炎で会話を盛り上げて（＝談）、お互いの理解を深める会話。つまり、明確な方向性を持って会話をすることを指すもの、というふうに私たちは区分けしています。

商談を成功させるには、まずは互いの理解が必要です。何を考えているか分からない人から商品を買おうとは思わないでしょう。そこで、雑談を通じてお互いを理解し合うのです。

ただ、ビジネスの相手、会社の上司や先輩・同僚とはうまく話せない、話題に困ることがままあるという人は多いでしょう。

そもそも、雑談の仕方を学んだことがないですよね。**雑談のスキルは、生まれつき備わっているとか、感覚的なものではなく自分で学ばなくてはいけないのです。**

雑談をうまく仕事で活用するには「仕掛け」が必要です。幅広く旬な話題を見つけ出し、会話に使うために分析・加工していく。この積み重ねが雑談を単なる世間話から、商談相手への「仕掛ける雑談」に変化させるのです。

また、コミュニケーションスキルも高める必要があります。例えば、「昨日の大坂なおみさんすごかった！」と言われ「テニスは興味ないので」と応じたのでは、それで話は終わってしまいます。雑談の流れをつかむのであれば「見てなかったのですが、どこがすごかったですか？」と相手にボールを投げます。「サーブが最高だったよ」などの話に対して「それはスゴイですね、私も見たかったです」と会話を返して気持ちを共感してこそ雑談が盛り上がるのです。

「難しい、話下手の私にはムリじゃないのかな？」と思われたかもしれませんが、安心してください。本書には誰もが雑談上手になれるちょっとしたコツをしっかりご紹介しています。

本書は、著者の２人が営業職の下積み時代からの経験と、社会人や就活生のための講座の中でお話ししてきた「ビジネスを成功させるための雑談のノウハウ」をご紹介しています。

私たちが工夫し作り上げてきた雑談のメソッドをぜひご活用ください。

２０１９年11月

日経メディアプロモーション株式会社
増田 勝則
須原 敦

目次

Chapter 3 仕掛ける雑談の作り方

Chapter 4 雑談のスキルアップ術

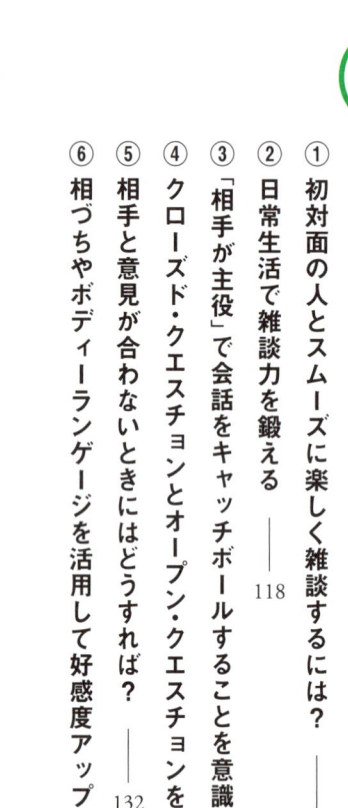

Chapter 5 すぐに使える 雑談ネタ帳

※本書の内容は、原則として2019年9月末時点の情報に基づいています。

Chapter 1

雑談の基本

Chapter.1

01

〈商談での雑談の意義〉雑談はビジネスの潤滑油

●雑談で相手の信頼を得る

雑談はビジネスにおいて非常に大切な会話です。雑談があることでビジネスをよい方向に導き結果的に「商談が成功しやすくなる」のです。

雑談を交わすことで、相手の興味関心の在りかを探り出し、自分のことを相手に知ってもらえます。こうして相手の懐の内側に入ることができれば会話を商談へと進めることができます。

ビジネスにおいて商談の成立とは、すなわち「取引相手の納得」に他なりません。いきなり「わが社の新製品です。いかがですか？」「他社よりお買い得ですよ」と資料やサンプルを渡されても心に響きません。信頼関係のない者同士では商談は成立しません。商品の機能や価格よりも「頼りになるあなただから」という信頼が何よりも必要で、信頼関係を築くためには相手の心を動かす雑談が重要なのです。まさにビジネスの潤滑油と言えるでしょう。

●雑談の練習は「相づち」を打つことから

「私は人見知りだからどうしよう」、と思っている人はいませんか？

人見知り、口下手、恥ずかしさが出てしまい言葉が出ない人もいることでしょう。

ビジネスパーソンになれば、初対面の人や年齢の離れた人と話す機会は多くなります。上司や先輩、取引先の担当者や役職者、経営者と話すこともあるでしょう。そのときに自分は話すのが苦手だからと会話をせずに済ませることはできないのです。

まず身近な人と話をしてみましょう。家族や友人、恋人など比較的気軽に話せる人との間から会話を増やしていきましょう。雑談の苦手な人はまず聞き役になり「相手に気持ちよく」話してもらうことを心がけてみましょう。話を聞いて自分がどう感じたかを返したり、会話が途切れないように相づちを打ったり、しっかりとうなずいたりすることが大切になります。

このように日ごろから少しずつでも意識して会話を増やすことで、苦手な人でも雑談が必ずうまくなります。

●雑談の「流れ」作りの重要性

雑談力を鍛えるには、日ごろからニュースをチェックしたり、旬な話題をリストアップしたりして、多くの引き出しを持つことが大事です。このノウハウについては、本書の2章で紹介します。

ただ、もう1つ知っておいてほしいことがあります。それは、雑談の「流れ」についてです。よくある失敗として、雑談で盛り上がり（前置きが長くなり）、核心に入れなくなってしまうことです。これは雑談から本題に入る「流れ」を作り出せず、単に意味のない雑談に終始したケース。こうした場合、相手の気持ちが冷めてしまいます。

商談相手との面談時間は、通常15分から30分程度です。場合によっては5分以下ということもあるかもしれません。それなのに、その5割も6割も前置きとなる雑談に費やしては、「ところで今日の用件は?」と相手からダメ出しされます。

数分間の雑談で盛り上げて、「実は○○の提案ですが……」と話題を変え本題に転じることで、商談の成否にかかわらず「この人は興味深い話をしてくれた人だ」と良い印象を相手に残すことができるのです。雑談が盛り上がっても、無駄に長過ぎると、逆効果です。雑談から契約（商談）への「流れ（道筋、量のバランス）」には十分に配慮する必要があります。このあたりは、3章で紹介します。

02

〈全体像の理解〉雑談を商談につなげる3ステップ

雑談を効果的に商談につなげるため、意識してほしいことがあります。

○雑談そのものを目的としないこと。
○知識をひけらかすことを目的としないこと。
○（相手に話す間を与えず）一方的に話そうとしないこと。
○事前準備が重要ということ。

これらの点に気を付けて、次の3ステップを身に付けてください。

●〈ステップ1〉商談につながる雑談に

雑談はあくまで目的を達成するための手段です。ビジネスにおいては商談成立に至る「流れ」を作るため雑談を活用します。効果的に雑談することで、相手の警戒心を和らげ、互いの距離を縮めることができます。その中で相手の趣味嗜好や考え方について理解を深められます。相手のニーズを把握することにもつながります。ただ、長々と話し続けることは逆効果です。雑談は自分のことを相手に伝えることと、相手のことを知るために行います。アイスブレークとして、コミュニケーションを深める役割です。前置きは、適度な量にして、本題＝訪問の目的にシフトしてください。

「話し下手で高度な会話はできない」という人は、肩の力を抜いて相手をよく観察してみましょう。相手の視線や会話の受け答えの中に、少し違った反応を見せるところがあるはずです。そこで「その◯◯にご興味がおありですか？」と聞いてみましょう。そういったところから会話が展開することもありますよ。

雑談上手になるのに話し上手である必要はありません。大切なのは流ちょうな話し方ではなく、商品に対する知識と情熱、相手のことを思って伝えようとする熱意に他なりません。もちろん商談相手の仕事内容や立場、性格によってアプローチは変わりますので、十分な事前準備、情報収集と段取りは必須です。その準備を綿密にしておくならば、話し上手かどうかはさして重要ではないのです。

●〈ステップ２〉ニュースと商品をつなげる「情報活用力」

次にポイントになるのが、雑談をいかに商品（ビジネス）に結びつけるかということになります。相手とどれだけ親密になっても、それがただの話し相手で終わってしまっては何の意味もありません。雑談から自社商品の話題につなげるために必要なことは、情報を幅広く集めてそこから商品の魅力を伝えることです。

「わが社の製品は従来品に比べて○○が20％向上しました！」と言っても魅力は伝わりません。まずその商品が世の中（消費者や企業活動）で必要とされている（あるいはこれから必要性が高まる）根拠と、その商談相手にとって特に役立つ理由を見つけ出さなければいけません。

今ヒットしている商品は何なのか？　企業が取り組むべきポイントは何なのか？自社の商品はそれらと比較してどうなのか？　雑談の素となる情報を集めていきます。そして、集めた情報から、商談相手に伝えたい商品の魅力が何なのかを拾い上げます。話題性や新規性、機能の違い、費用対効果、地域性、発展性など様々な切り口で分析をした後、その魅力を伝える流れを組み立てていきましょう。

話題性なら商品名やパッケージが決まるまでの開発秘話や仕入れを決めた背景も

面白いでしょう。他の有名な（相手も知っている）商品の例を雑談のネタにして「実はわが社でもこんなことがあったんです」と置き換えるのも1つの方法です。こういったふうに、情報をうまく活用して雑談の「流れ」を作り上げましょう。

〈ステップ3〉「なるほど！」で契約に

ここまで来ればゴールは目の前です。あなたの作り上げた雑談から商談への「流れ」が相手の心を動かせば契約に近づきます。もし失敗したのなら、会話の流れに何か不自然で強引な部分があり、商談相手を納得させることができなかった可能性があります。

成功率を高めるには、新聞やテレビなどから、いまの社会・経済の動きを知り、雑談の中から商談相手の現状と課題・願望などを把握しましょう。相手から「なるほど！」という言葉を引き出せるかどうかがポイントです。

「なるほど」という言葉は、相手の心が動いていなければ出てこないものです。相手の心を動かすために必要なことは「相手にとって重要で必要としている情報」と「相手が知らなかった情報」を結びつけることになります。その2つが組み合わさることで心の底から「なるほど」とうなずかせることが可能になります。雑談から商品につながるあなたの物語が、しっかり仕上がっていれば成果を手にすることができているでしょう。

このステップ2とステップ3の具体的な方法については、2章と3章で詳しく解説します。

雑談の3ステップ

ステップ1

商談につなげることを意識

前置きの雑談は長くなり過ぎないように。

↓

ステップ2

ニュースと商品をつなげることを意識

『情報活用力』が重要。商品とニュースを関連づけ、具体的に提示したストーリーを作る。

↓

ステップ3

相手が必要な情報・知らない情報につなげることを意識

契約に結びつける。

ステップ2とステップ3での情報の出し方が最大のポイントとなります。それには、①テレビやネット、新聞・書籍などから幅広く情報を集める。②ニュースから得た情報から気になるキーワードをチェックする。③既に自分が知っている知識と、集めた情報を比較する、といった準備が必要です。

03 雑談にもマナーあり〈敬語の重要性〉

雑談も会話である以上、敬語は欠かせません。雑談だから「雑」に話してもいい、ということにはならないのです。敬語は自分と相手のそれぞれの立場・関係性を明確に示すもので、ビジネスシーンにおいて大変重要な役割を果たしています。

●敬語は社会人として必須

敬語ができないと社会人としての会話ができません。それは相手を敬うことができていないともいえるからです。中には「敬語はうまく使えないけど、相手のことは尊敬している」という方もいるでしょう。しかし、それは気心の知れた関係だからこそ成立するもので、初対面の人やビジネスでの付き合いでは理解されることはありません。自分では理解してもらえていると思っていても、それは自己満足にすぎないのです。口には出さなくても内心では、この人はこの程度のマナーもできな

いわゆる「タメ口」はもってのほか。社会人として、最低限の敬語は使えるようにしましょう。ただ、よほど厳しい人でない限り、多少使い方を間違えても、相手を敬う気持ちや誠意が伝われば、問題はありません。

いのかと評価を下げられているのです。

また、相手に正しく敬意が伝わらず、自分ではそのつもりがないのに相手を傷付けていたり、不愉快な思いをさせたりしてしまうこともあります。

敬語を使うのは難しい、面倒だと感じている人は、実は敬語そのものが苦手なのではなく、敬語を使うシチュエーションにストレスを感じているように思います。敬語は尊敬語・謙譲語・丁寧語を理解しさえすれば簡単ですので、基本の言い回しと使い分けを覚えてしまいましょう。

なお、会話では言葉そのものと同時に目線も重要な役割を果たしています。しっかりと敬語を使いこなしたとしても、相手ではなくあらぬ方向を見ながらではまったく意味がないばかりか、かえって相手に失礼になります。相手の顔を見て、できれば目を合わせて会話することも大切です。

主な敬語の使い方

基本の語	尊敬語	謙譲語	丁寧語
行く	いらっしゃる 行かれる	伺う 参る	行きます
来る	いらっしゃる おいでになる お見えになる	参る	来ます
する	なさる される	いたす	します
見る	ご覧になる	拝見する	見ます
聞く	お聞きになる 聞かれる	伺う 承る 拝聴する	聞きます
言う	おっしゃる	申す 申し上げる	言います
知る	ご存じ	存じあげる	知っています
いる	いらっしゃる	おる	います
食べる	召し上がる	頂く 頂戴する	食べます

POINT

尊敬語

お客様や上司など立場が上の人や他人に対して使う、「相手」を立てる言葉

謙譲語

自分の立場を低めて、「自分の行為の向かう先」を立てる言葉

丁寧語

丁寧な言葉遣いで相手に敬意を払っていることを表すための言葉

Chapter.1

04

〈会話の適度な速度〉話し方のテンポ・間の取り方

●話すスピードで印象が変わる

会話で相手を引きつけるためには話すスピードが大切です。話し方は相手に与える印象を大きく左右します。ゆっくりと話すと落ち着いた感じに、早口でテンポよく話すと元気でシャープな感じになります。

芸能人で早口なイメージといえば、明石家さんまさんや古舘伊知郎さんですよね。さんまさんは落ち着きがなさそうでも勢いがあって元気を与えてくれそうな感じがします。古舘さんだとキレのある口調で頭の回転が速く臨機応変に対応できるイメージです。

一方でゆっくり話す人といえば、池上彰さんや所ジョージさんが思い浮かびます。池上さんは丁寧で分かりやすいイメージ、所さんは落ち着きがあって何があっても動じない感じでしょうか。

話し方のテンポは人それぞれです。自分の自然なスピードでよいので、テンポよく話してみましょう。そうすると相手も心地よく聞くことができます。

有名人の話し方をまねする

自分の話すテンポがよく分からないという人は、芸能人やアナウンサーの中から自分がいいと思う人をまねしてみましょう。そうした人の話し方をまねることで、聞きやすい話し方がどういうものかをつかめるようになります。

一般的に聞き取りやすいスピードは、1分間に300文字から400文字といわれていますが、それを一定のテンポで平坦に話すのではなく、内容に合わせてスピードを変えたり声に強弱をつけたりするとまた印象が変わります。聞きやすさが大きく違うものになります。

歌に抑揚とテンポがあるように、話をしながら相手の反応を見て、時にスピーディーにあるときはゆっくりと、会話にはメリハリをつけることが大切です。「イントロ」はゆっくりと落ち着いた流れで始まり、「サビ」でペースアップし相手の心を最高に引きつけたところで、「ラスト」で感動を与えゆっくりアクセントをつけて話すといった感じです。

歌でイメージしにくい人は「オーディオブック」を聴いてみるのも参考になります。CDやダウンロード販売されていて、今ではビジネス書から文豪の名作、ライトノベルまで多岐にわたる書籍を「聴く」ことができます。聞き取りやすいようにスピードは遅めになっていますが、プロの話し方を体験すると同時に自己啓発やスキルアップも図ることができます。

●チームでのプレゼンの有効性

著者の2人は企業や大学での講演を数多く実施していますが、聴衆を飽きさせないために話し方には工夫を凝らしています。それは漫才風に代わる代わる話す手法です。全体の内容を事前に打ち合わせをして、どの部分をどれくらいの時間をかけて、どちらが話すのかを分担します。

このやり方にはいくつかメリットがあります。まず聴衆の反応を見ながら話を進められるので、もし話題に乗ってこない場合は、話していない方が別の話題を準備することが容易であること。これは1人で講演するときにはとても大変な手間になります。さらに交互に話すことで異なるテンポや口調で、デュエットのように聞いてもらうことができることです。

2人で話すことにより、異なる話術の組み合わせがインパクトを与えることができます。一方がうまく話せない場合に、相方がフォローすることで会話を途切れさせなくすることもできます。また、1人が全体像を話し、もう1人が専門的・技術的な話をするなど役割分担をすることで、より効率的に話すことができるようになります。

商談やプレゼンテーションにおいても1人ではなく複数人で取り組むシステムでビジネスをしている企業もあります。これは内容がどれだけ良くても相手にそれを伝える技術が未熟であれば理解を得ることは難しくなるため、それぞれ得意分野を組み合わせて完成度を高めるためです。

チームとして仕事に取り組むことで、自然と話し方や間の取り方も共有化され、それぞれのスキルアップにつながりますので、1人きりで悩まずに色々な人と一緒に経験を積むことが大切です。

自分の話すスピードが実際にどのくらいなのか、次の文章を時間を計って読み上げてみてください

「浦島太郎は子供たちがカメをいじめているところに通りがかり、そのカメを助けて海に帰してあげました。	ふつうの口調で
数日後にカメが現れ、お礼として海中の竜宮城に連れて行ってくれました。そこでは乙姫がたいそうな歓迎をしてくれました。（　　秒）	ふつうの口調→驚いた口調にしながら少しスピードアップ
しばらくして浦島太郎は家に帰りたいと伝えると、乙姫は決して開けてはならないと言って玉手箱を手渡します。	抑えた口調でゆっくりと
再びカメに連れられて地上に戻った浦島太郎は、開けてはいけないという乙姫の忠告を破って玉手箱を開けてしまいました。	ふつうの口調→強めの口調でスピードアップ
すると中から白い煙が立ち昇り、気がつくと浦島太郎は白髪でシワだらけの老人になってしまいましたとさ。（　　秒）	ふつうの口調→徐々にゆっくり抑えた口調に

話をしながら相手の反応を見て、時にスピーディーにあるときはゆっくりと、会話にメリハリをつけることが大切です。

Chapter.1

05 〈雑談の基本スタンス〉ストレスレスで聞き上手たれ

●雑談でストレスをためないためには?

雑談を交わしていく中でふと会話が途切れてしまい気まずい空気になったことはないでしょうか。何を話せばよいか分からず言葉が出てこなくなり、ストレスがどんどんたまってしまうことはないでしょうか。

そんなことが重なると雑談そのものが苦痛になり、用件だけのビジネスライクな会話になることも。すると、「素っ気ない人」「面白みの足りない人」「融通の利かない人」と思われるのではと不安に感じるかもしれません。そんなことにならないためにも普段からニュースや身の回りの出来事に目を向けておくことが大切です。ビジネスライクな会話がまったくダメだということはありませんが、雑談ができることで商談がうまく進む可能性が高くなるからです。

ただ、雑談がうまくできないと感じている人は、話題がゼロというわけではありません。「こんな話をして相手に嫌われないだろうか？」「うまく話さなければならない」「自分の知らないことを聞かれたらどうしよう？」といった考えが頭にあって、それも雑談を敬遠するストレスになっているケースが多いです。

自分のストレスを減らしつつ、雑談を続けるコツは3つあります。

①相手の話題に関心を示す。「そうなんですね」「なるほど」と相づちを打つ。
②知らないことには疑問・質問を投げかける。「どういうことですか？」
③自分の理解度を確認する。「それは◯◯ということでしょうか？」

たった3つのコツを実践するだけで、あなたも聞き上手になり話題を広げていくことができるようになります。そして相手の目を見ながら言葉を返すことで、自分が相手と話したがっていることを伝えることができます。この場合は相手が話の主役になるため、自分が話すストレスを感じずに済むわけです。

何より「あなたの話を（私は）きちんと聞いていますよ」という姿勢を明確に示すことが大切です。しっかりと相手の話を聞き、次回以降の会話までに自分なりにその話題について調べることで、「前に教えていただいた○○というのは……」と相手の好む話題で雑談を始めることができます。意見や感想をつけて話せばなお良いでしょう。

人は自分が好きな話題に相手が応じてもらえるとうれしくなるものです。それは自分に対して興味と好意を向けていることになるからです。人は自分に好意を向けてくれる人、「自分のこだわり」を理解しようとする人を一方的に嫌うことができないものです。雑談の幅を広げるには自分が積極的に話すことではなく、相手に興味関心を持つことがスタートなのです。

会話にこうした工夫をするだけで、気持ちにゆとりができます。今まで苦手だと思っていた雑談のイメージを切り替えて克服していけるようになります。そして次は自分の関心がある話題を切り出してみましょう。互いが何に対して「関心」を持っているかの認識を共有することで、相互理解が深まることは間違いありません。

会話の流れを広げるには

ポイントとなるのは「聞き上手」であるということです。さりげなく「相手の話したいこと、興味のあること」を引き出して、会話の流れをそちらに寄せていくテクニックです。相手がどの話題に対して興味を示したのか、その変化に気づくことが大切です。

相手の変化は様々です。目線が自分に向いているか？　それとも手元の資料やノートに向けられているか？　指先が小さくイライラと動いているかどうか？　話題に対する返事が軽いか？　相づちを打ちながら強くうなずいているか？　背中は椅子の背にもたれかかっているか？　上半身が前のめりになっているか？　など、雑談をしながら相手を観察して変化を探してみましょう。

特に相手がうれしそうに、楽しそうに会話に応じている話題に注目します。それは相手が話したくてたまらない内容のはずです。どんな人であれ、最も関心があるのは自分と自分の好きなことであり、その話がしたいのです。最初のうちはその関心の在りかを探るため、食べ物やファッション、スポーツなど最新の流行や話題から入れば、相手の興味のあるなしも分かりやすいでしょう。

相手が興味を示した話題に「自分の知識・経験・情報」をうまく絡ませて話すことが雑談を広げるポイントになります。

●視野を広げて情報収集しよう

会話をする場合に、年齢差が壁となることがあります。同世代なら盛り上がる話題でも、歳の離れた人相手で同じように盛り上がるとは限りません。ただ、社会人には、年齢の離れた人との会話は必要不可欠です。

そこで、何らかの共通点が重要になってきます。年齢が違うというだけで、子供時代の生活や学校での経験も変化しているため、「学生時代に◯◯がはやりましたよね」という話題は使いづらくなります。

対応策として、意識してほしいのが「視野を広げる」ということです。幅広く知識や情報を持つことで、どんな世代の人が相手でも会話できる話題を常に意識して集めておきます。興味のないことでも世の中で話題になっている情報はインプットして、視野を広げておきましょう。

年齢差のある相手との会話では、話の内容について行けず「ちんぷんかんぷん」といったことも。逆に、自分が出した話題が相手にそういう思いをさせてしまうこともあります。日頃から、視野を広げた情報収集をしましょう。

Chapter 2

雑談のネタ集め&情報整理術

Chapter.2

01

雑談に使えるネタ集めの最適なツールは？

1章でも述べたように、ビジネスシーンでは雑談は想像以上に重要な役割を担っています。その雑談を効果的に活用するためには、相手が知りたい情報、聞いてよかったと思ってもらえる情報を使わねばなりません。

そもそも取引相手が必要とする重要な情報には、どんなものがあるでしょうか。天気やスポーツの話題は最初のキッカケとしてはいいですが、必要とは言えません。流行や身の回りの出来事も空気を和ませるにはいいですが、重要とは言えません。やはり相手のビジネスに役立つ情報や影響力の大きい情報こそが相手の興味を強く引くはずです。

ネタ集めに有効なのが日本経済新聞

それでは、ビジネスに役立つ情報をどう集めるか。このネタ集めで、非常に有用なのが新聞、中でも『日本経済新聞（以下、日経新聞）』です。

日経新聞は1876年（明治9年）に三井物産の発行する『中外物価新報』として創刊されました。今では日本を代表する経済紙として、経済全般から業界・企業関連の記事を中心に社会や文化記事まで幅広く掲載されています。

ビジネスパーソンの多くが日経新聞を読んでいます。経済の動きや業界の動向を見逃さないための情報収集はもちろんですが、何よりビジネスシーンでの会話に活用できるからです。

世界の政治・経済が、今どのような状況なのか？　それが日本全体や各地の景気にどのような影響を与えるのか？　そして業界・企業の今後にどういった影響を与えるのか？　そういった情報に関心を寄せないビジネスパーソンは存在しません。

また、日経平均株価はいくらで推移し、変動の理由は何なのか？　円相場がこの先、円高と円安のどちらに動いていくのか？　企業の業績はどうなっていて、勢いのある業界とそうでない業界はどこなのか？　社会・経済を変える新技術にはどのようなものがあり、どこの企業が開発し導入しているのか？　など景気や産業界の動向は常に変化しているため、目を離せば取り残されてしまいます。

商談におけるプレゼンテーションや社内会議での議論で根拠となる参考データとして、日経新聞を通じて得られる情報には役立つものが数多くあります。

例えばインバウンド（訪日客）の増加で「消費性向」やサービス対象に大きな変化が生まれました。訪日観光客が家電量販店やデパート、ショッピングモールやドラッグストアに殺到した「爆買い」。思わぬ購買層の急増に、小売業界、旅行・ホテル業界、交通機関は売り上げを増やすと同時に、案内掲示板などの外国語対応や両替サービスの充実、免税対応などに追われました。最近では、オーバーツーリズムの問題がクローズアップされています。

このような社会の変化はビジネスチャンスを生んでいます。外国語教育や翻訳アプリへのニーズの高まり、インパクトのあるＳＮＳでの情報発信、訪日客のニーズから新たな商品・サービスの開発・提供など様々な業界に影響が広がっています。

日経新聞を読み続けることで、こうしたビジネスに直結した情報と、それが起きた原因・背景、そしてこれからどうなるのかというヒントを得ることができます。取引先企業の記事がなかったとしても、関連する様々な情報を相手に提供できます。ネタ集めを通じ豊富な知識を獲得できます。得た知識を提供することで、相手からの評価も高まります。

●テレビや雑誌なども活用しよう

日経新聞の有用性を紹介しましたが、最初はテレビのニュース番組などから始めてもらってもいいでしょう。毎日の情報として、日替わりランチのように活用できます（雑談のネタは毎日コツコツと集めることが大切です）。また、書籍や雑誌、ネットなど、他にも雑談のネタ集めに役立つツールは色々とあります。

それではこうした様々な情報源から、役立つネタを集める際に注意すべき点を見ていきましょう。テレビは、自分の生活サイクルの中に、ニュース番組を見る習慣を作りやすいのがメリットです。朝のニュース番組でその日の話題を探すようにしていきましょう。夜も各局それぞれ個性があるので、満遍なくチェックすることが必要です。ただ、テレビのニュース番組の情報は賞味期限が短いので注意してください。

新聞（日経新聞に限りません）では、毎日欠かさず一面のトップ記事や気になった記事、自分の心が動いた記事をチェック。その記事に出てくる単語や数字などをメモするクセをつけましょう。また普段から数字に興味を持ち、マーケットの大まかな現状をつかめるようにすることも大切です。あまり興味のないような記事でも、思わぬネタが潜んでいるかもしれません。新聞の場合、情報収集するコツをつかむには少し時間はかかりますが、とにかく毎日目を通し続けることが重要です。

書籍や雑誌は特定のテーマを詳しく学ぶのに向いています。話題の本、以前ベストセラーになった本、歴史小説などもネタに使いやすいでしょう。雑誌は目次の中から面白そうだと思う記事に目を通すといいでしょう。

ネットは、調べたいことがはっきりしていればとても有効な情報源となります。いつでもどこでも見ることができ、世界中の最新のニュースをすぐに入手できます。まずは自分が気になるニュースと話題のニュースを中心に読み、世の中で起きている変化を知るようにしましょう。

●これぞという情報は必ずメモで整理

情報は、見たり読んだりして終わりではなく、メモに残しましょう。そして、誰かに話したりしてアウトプットすることで自分のものにできます。

情報をたくさん収拾できるようになると、その多さに処理しきれなくなってしまうことがあります。あまりに情報が多過ぎて、文字通り「情報の海に溺れる」状態になるというわけです。そこで自分が得た情報の中から「特に気になるキーワードや数字をメモする」のです。何をメモするかを考えることで、自分の中で情報を整理し、書き取ることで記憶に残りやすくなります。

まずは、いつ・どのメディアで・どんな見出し（タイトル）のニュースだったのかをノートに記入します。キーワードや数字をただ書くだけでなく、それらが意味することは何か、どのような影響があるのかも併せてメモしておけば、後日改めて読み返したときの助けになります。新聞や雑誌が情報源の場合は、記事を切り取って、テレビやネットのニュースの場合は要点の部分をプリントアウトして、クリアファイルなどに保管しておくといいでしょう。

〈メモの例〉
○月○日　□□新聞「日経平均、500円超下降」円高で輸出産業減益
↓米中貿易摩擦で将来への景気不安。円買い加速で株価下落
△月△日　NHKニュース「A社から新商品発表」新興国市場が狙い
↓縮小傾向の国内市場から海外へシフト。アジア？　アフリカ？
□月□日　雑誌『○○経済』「フィンテックの今後」キャッシュレスが進む
↓銀行の支店が減少。ネットバンクサービス増加。セキュリティーに不安？

●重要キーワードのつながりが見えてくる

記事を読むことで重要なキーワードの因果関係が見えてきます。先の例の1つ目

の場合、「日経平均が下降」したのは「円高」で「輸出産業が減益」になったからである。「円高」になったのは「米中貿易摩擦」が続き将来への不安が原因といった感じです。つまり、日々のニュースを記録しておけばつながりがあるキーワードが見えてきます。それらの言葉の組合せを知れば、ニュースとニュースのつながりも見えてくるのです。「円高」で「輸出産業が減益」なら「海外進出」「新興国への進出」を考える企業が増えるのではないか。「国内景気が不安」なら経費削減のため「支店を減らす」「ネットサービスを強化する」企業も出てくるのではないか、という今後の予想も立てられるようになります。そこに自分の意見や感想を加えておけば、後になって振り返ったときに、当時の自分が何を考えていて、どのような情報に関心を持っていたかも知ることができます。

ネットやテレビ、新聞は、全ての情報が一度にまとめられているとは限りません。その時々のニュースをその都度伝えてくれています。その続きは明日か、明後日、数日後かに登場して、流れ（フロー）で情報を取ることができます。雑誌や書籍は毎日発行されない分、ある程度の情報をまとめて（ストック）掲載していますので、決まったテーマを復習したいときに、役立つ情報源といえます。

Chapter.2

02

雑談のネタに最適な記事はどのように選ぶか?

新聞はまず見出しだけをチェック

以前「経済の勉強をすることを考えています。世の中のことを知りたいのですが、どんな本を読めばいいでしょうか?」という質問を受けたことがあります。時事に関する本や雑誌は書店で容易に手に入りますが、力をつけたいなら日経新聞を毎日読むことが一番の近道だと答えています。最初は難しくても読み続けていれば経済の動きが見えるようになってくるものです。

それでもいきなり読みこなそうとするのは抵抗があるかもしれません、ここでは手軽に日経新聞を読むためのオススメの方法をご紹介します。

新聞を読もうと思っても文字数が多過ぎて読めない。その通りです。それぞれ新聞によって異なりますが日経新聞の朝刊はおおよそ40ページ前後のボリュームがあり、文字のサイズや1行の文字数や段数にも差異がありますが、広告分を除いておよそ20万字。新書で2冊分に相当します。毎朝新書2冊分のニュースが届けられていることになります。これでは速読でもできない限り朝の忙しい時間で読みきることなど不可能です。つまり「新聞は1から10まですべて読むものではない」ということが大前提になります。

まず最初に記事の見出しを見ましょう。見出しとは記事の内容が一見して分かるように書かれているタイトルのようなもので、本文より大きく目立つフォントで書かれています。この記事の見出し部分だけを読みます。その中から自分の気になる見出しを選んでください。選んだら次にその記事の1段落目を読んでみましょう。最初の部分を読めばその記事のポイントをつかむことができます。つまり読むべきなのは見出しと1段落目になります。そこに必要な情報が書かれています。

もし気になる見出しがない場合は、目立つ見出しに注目してみましょう。重要度の高い記事ほど大きいゴシック文字や白抜き文字で見出しが作られています。さらに表やグラフなどがある記事にも注目です。

この読み方であれば時間を多くかける必要もなく、情報を得ることができるでしょう。ぜひお試しください。

●日経新聞から獲得できる情報の種類

日経新聞から得られる情報は大きく分けて4つ。

①ニュース
②経済指標、企業の業績
③ニュースの背景、経済の用語や仕組み
④一般教養、先人たちの知恵

この中から雑談のネタを拾い上げるための読み方をご紹介します。

①ニュース

ニュースすなわち通常の記事から読み取れることは大きく2つに分かれます。経済・景気の動向が分かるマクロな視点のニュースと、業界・企業の動向が分かるミクロな視点のニュースです。それぞれ見出し（大きな文字）を拾い読みしながら、重要だと感じた記事にマーカーをつけておき、一通り紙面をチェックし終えてから気になった記事に戻って本文に目を通します。そして、読み終わった記事の中から「これだ」と思う記事は切り取って保存します。いきなりノートに貼るなどスクラップブックを作るのではなく、クリアファイルに挟んでおきましょう。記事には付箋紙で日付と選んだ理由を添えておくといいでしょう。

②経済指標、企業の業績

難しそうな言葉に聞こえますが、テレビでもよく登場しますし、知っておくとニュースの理解が深まるものが多いです。日経平均株価や円相場、長期金利などは景気をつかむ上で重要ですし、企業の業績はその会社の経営状況を理解するには必要不可欠です。さらに資源・商品価格が掲載された紙面を見るとこれからの物価の動きを先読みするヒントとなります。景気の現状や今後の行く末を知るために役立つデータですので、ニュースと関連づけて観察しておくと会話の内容に説得力が増します。

③ニュースの背景、経済の用語や仕組み

一般の記事は日々の最新情報が中心ですので、そもそも「なぜそんなことになったのか」という流れが見えにくいことがあります。経済や業界のキーワードの意味、ビジネスの仕組みといった基本的な部分を改めて確認することができる連載記事やコラムを参考にすれば、ニュースの背景から現在の状況、さらに今後の動向について考察する参考になります。「そういえばもともとは◯◯から始まったんですよね」と会話の幅を広げることにも役立ちます。

④一般教養、先人たちの知恵

経済やビジネスに直結はしないものの、知っておくと人としての奥行きを深めることができる情報や、各界の著名人の経験や考えに触れることで、視野を広げるこ

とができます。文化面では絵画や音楽などの教養を深め、相手との話題を盛り上げるネタを拾うことができるかもしれません。

日経新聞は以上の4つを意識しながら読み続けると、情報収集がより効率的に進められると思います。何気なく紙面をめくるのではなく、今見ているのはどういう種類の情報なのかを、自分の知識・経験と照らし合わせたり、相手が興味を持ちそうかどうか想像したりしながら読んでいくと、雑談のネタとして使いやすくなります。

●日経新聞の紙面解説

それでは、実際に日経新聞の紙面のどこから、前述した4つの情報を得ることができるのかを述べていきます。

毎朝、日経新聞を手に取ると真っ先に目に入る『1面』はとても大切です。紙面が制作される段階で最も「重要度」「緊急度」「影響度」の高いニュースが掲載されているからです。もちろん常にスクープ記事が登場するわけではありませんが、国内外の社会・政治・経済の分野で日本経済新聞社がこれだと判断したトップニュースになりますので、一通り目を通しておく必要があります。

さらに一面の最上段と左側には、その日の主なニュースが目次のように掲載されています。記事そのものが何面にあるかも記載されていますのでチェックしておきましょう。【↓ニュースの確認】

そして、左側の中央より少し下の部分に「**MARKETS**」というコーナーがあります。市場が開いていた日の翌日、火曜から土曜日に「日経平均株価」「日経アジア300」「円・ドル相場」がまとめられています。日経平均と円相場は特に重要な景気指標ですので、その水準とどのくらい変動したのかを確認しておきましょう。【↓経済指標の確認】

もし急激に上昇もしくは下降していた場合には、その原因となった記事が必ずありますので、その記事を切り抜いて「株と為替へ大きな影響」とメモしておきましょう。【↓ニュースと経済指標をつなげる】

2面と3面は総合面となっています。開いて右側の『総合1』面は「**社説**」「**真**

相深層」「**迫真**」という3つのコーナーが中心となっています。今話題・問題になっている出来事について、「社説」では日本経済新聞社の意見を知ることができます。「真相深層」では問題を深掘りしインタビューも交えて分かりやすく解説。「迫真」では背景・原因を4、5回にわたって読み解いています。【↓ニュースの背景を知る】

次に左側の『総合2』面には1面の記事の詳細や関連記事、1面の次に重要度が高い記事が掲載されています。【↓ニュースの確認】

『総合2』面には「**きょうのことば**」というコーナーがあります。ここではその日の記事の中からポイントとなるキーワードを1つ選び解説しています。気になるキーワードが取り上げられている場合にはスクラップしておきましょう。自分専用の用語辞典の出来上がりです。【↓経済・業界の用語を学べる】

個々の企業についてのニュースを集めたいときは企業面が活用できます。日によってページ数が違うことはありますが、だいたい12ページあたり（半分より少し手前あたり）になります。記事が多い場合には『企業1』『企業2』のようにページが増えることもあります。ここでは「A社が新しいサービスを開始」「B社、〇〇社買収」のように企業の動向に関する記事が多く、取引相手の同業他社についての情報を集めることができます。【↓ミクロのニュースを読む】

また企業面には「**ニュース一言**」や「**そこが知りたい**」など、様々な企業経営者の言葉や今後の経営方針などについてのインタビューをまとめたコラムもあり、経営トップの現状認識と今後の戦略を知ることができます。【↓ニュースの背景】

企業動向で特に大切な決算情報は、企業面の次にある『投資情報』面で読むことができます。ここでは企業が発表する決算情報を、グラフを交えて解説しており、どの会社が業績をどれだけ伸ばしたか、もしくは減らしたか、その背景も併せて掲載されています。年間のデータだけでなく半期や四半期ごとの進捗状況についても見ることができます。【↓企業の業績】

地元の情報を見るなら地域経済面があります。これは購読地域によって紙面が異なります。北は北海道から南は沖縄九州まで20地域に分けて、各地の景気・企業に関するニュースが用意されています。【↓地元企業のニュース】

商品の素材やエネルギー資源、農作物などの価格相場にも紙面が割り振られています。ちょうど真ん中あたりのページで『マーケット商品』面がそれに当たります。ここでは原油や金・銀、ゴムや鋼材、肉や魚・野菜の価格動向が掲載されています。【↓商品相場のニュース】

証券面には株価が掲載されています。特に『証券1』面には「**クローズアップ日経平均株価**」というコーナーがあり、日経平均の動向と採用されている225社の銘柄がまとめられています。【↓株価、日経平均株価】

海外の経済指標は時差の関係で夕刊に登場します。夕刊1面の左側の真ん中から「**WORLD MARKETS**」というコーナーでアメリカNYダウやナスダック、イギリスFTSE100と、国内のお昼時点での株価指標と為替、長期金利が確認できます。【↓景気指標の確認】

夕刊では、月曜から金曜にかけて2面の『ニュースぷらす』面が役立ちます。曜日ごとに異なる切り口で世の中の動きについて学ぶことができます。

月曜は「**ニッキィの大疑問**」で経済・ビジネスについての疑問を平易に解説しています。火曜は「**Ｂｉｚワザ**」で身近な生活に関連する雑学の紹介。水曜は「**グローバルウォッチ**」で世界のトレンドについての解説。木曜は「**私のリーダー論**」で経営者の意見・考え方を紹介。金曜は「**政界Ｚｏｏｍ**」で社会・公共に関する変化とその問題点を取り上げています。【↓一般教養、経済の用語や仕組み】

最終面は朝刊、夕刊ともに一般の新聞のようなテレビ番組欄ではなく『文化』面になります。ここでは絵画・音楽などの芸術に関連する教養に触れることができます。また朝刊の「**私の履歴書**」で各界の著名人の半生を読むことで、それぞれの時代を乗り越えてきた苦労と成功を知ることができます。【↓先人たちの知恵】

今回、紹介した紙面は、日経新聞全体の中の一部です。あくまでも参考として受け止めていただき、自分が気になった記事、コラムから自由に読んで活用していただければと思います。

※本書執筆時点（2019年10月）での構成になります。紙面変更によりコラムなどが変更・終了となる場合があります。

新聞全体に目を通し（見出しだけでOK）、気になる記事があればマーキング。ただし、「あれも重要だ」「これも面白ろそうだ」とチェックしすぎると、整理できなくなる（面倒になる）可能性が高いです。

Chapter.2

03

記事でチェックすべきポイントは？

日経新聞の記事から雑談のネタを探すための目安が3つあります。この3つに留意しながら読むのと、ただなんとなく見ているのとでは大きな違いが出てきます。

朝起きて、あるいは夜に帰宅して日経新聞を手に取る自分をイメージしてください。新聞を広げてさあ読もうと勢いづく前に、少し頭を日経から離してみましょう。視力検査のように何メートルもではなく30～40㎝程度、1ページが見渡せるように目を離します。すると目が引きつけられる記事からあまり目立たない記事まで全体が見えてくるはずです。

最初に気になるのはどの記事でしょうか？　やはりトップの一番大きい記事でしょうか？　それとも自分の業界に関わる記事でしょうか？　人によって選ぶ基準は異なるのは当然ですが、ぜひチェックしてほしいことがあります。

①変化もしくは異常な状態が具体的なデータで示されている記事

過去最高（最大）・最低（最小）、世界初（国内初）、急上昇（急降下）

◯◯連続、◯◯に比べ高（低）水準

②自分が興味をひいた出来事・意外な組合せの記事

以前から注目していている物事の動向、コラボレーション、異業種への進出、多角化経営

③旬なキーワード、新しい取り組みの記事

人工知能（ＡＩ）、ＩｏＴ、インバウンド、人手不足、環境問題（ゴミ問題）、米中貿易摩擦、東京五輪、ＥＳＧ

このような視点で紙面を見渡してみてください。できればマーカー（蛍光色でも鉛筆でも構いません）をつける準備をしておきます。ペンを手に取ったら記事の見出しを見ていきましょう。

以下、①～③について、典型的な例を紹介していきます。

①変化、もしくは異常な状態が具体的なデータで示さている記事

左の記事は、財務省が毎月発表している貿易統計になります。このように決まった時期に発表される経済指標はとても重要で、経済の現状や変化を知る上でたいへん役立ちます。この記事では日本の輸出額が7カ月連続で減少とあり、厳しい景気状況を一目で把握できます。その上で、輸出減少の原因がどこにあるのか？　悪化の要因となった品目が何であるのか？　自社や客先に関わりがあるかどうかを、しっかりと読み取りましょう。

他に重要な経済指標には、ＧＤＰや消費者物価指数、鉱工業指数、日銀短観などがありますので、見落とさないように気をつけましょう。

輸出7カ月連続減

6月6.7% 中国向け10%減る

財務省が18日発表した6月の貿易統計は、輸出が前年同月比6・7%減の6兆5845億円となった。減少は7カ月連続。米中貿易摩擦の影響で、中国を含むアジア向けが大幅に減った。2019年上期(1~6月)も16年下期以来5期ぶりの輸出減となった。**(関連表3面に)**

日本の輸出で5割強を占めるアジア向けは、6月が前年同月比8・2%減の3兆5636億円となった。このうち、中国向けは10・1%減の1兆2459億円と4カ月連続で減少した。液晶デバイスに使う半導体等製造装置が27%減、自動車部品は30%減だった。

中国は4~6月の国内総生産(GDP)が物価変動を除いた実質で前年同期比6・2%増と、統計を遡れる1992年以降で過去最低となった。需要が縮小し、日本からの輸出も幅広い品目が減少した。米国政府による華為技術(ファーウェイ)への事実上の輸出禁止も影響が出ている。

一方で、米国向けは4・8%増の1兆3555億円だった。半導体等製造装置や自動車の輸出が好調だった。6月の輸入額は5・2%減の5兆9950億円。6月の輸出額から輸入額を差し引いた収支は、19%減の5895億円の黒字だった。

19年上期の輸出は前年同期比4・7%減の38兆2404億円だった。上期の貿易収支は8888億円の赤字と、2期連続で赤字となった。

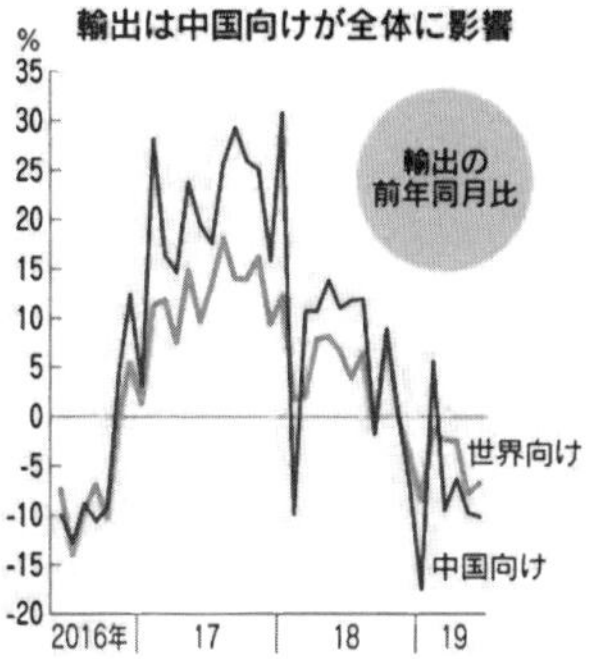

2019年7月18日付　日本経済新聞夕刊　1面

【MEMO】

輸出の減少はGDPも押し下げる。為替も円高傾向で輸入が増え貿易収支を悪化させる恐れ。
この時点では対アメリカの輸出が好調なのが明るい要因。

②自分が興味をひいた出来事・意外な組合せの記事

どのような出来事に興味を持つのか、意外性を感じるのかには個人差があります。左の記事では大手企業とｅスポーツの組合せに着目しましたが、この組合せに必ず注目してほしいわけではありません。自分なりに「何だこれは？」と思った記事を選んでみてください。

ｅスポーツは、ゲームという遊びがプロフェッショナルのスポーツ産業となり、海外で急成長を遂げています。日本ではまだまだこれからの市場ですが、今後拡大が見込まれており、その人気の高さからトヨタ自動車や銀行など大手企業も注目しています。こうした珍しいニュース、自分が興味を持ったニュースは話題に使いやすいので、ネタとしてストックしておくといいでしょう。

対戦型ゲームをスポーツとして楽しむ「eスポーツ」が急拡大している。2019年の世界市場は1000億円を超える見通しで、海外では数十億円の賞金を奪い合う大会が相次いでいる。プロゴルフを上回る賞金が動く背景にあるのは、スポンサー企業の急増だ。熱狂する若者を取り込もうと、トヨタ自動車やサントリーホールディングスなど消費財メーカーに限らず、メガバンクなども相次ぎイベントを支援する。ただし、世界の中で日本の取り組みは出遅れ気味だ。

eスポーツ協賛 トヨタも銀行も

賞金総額30億円超も

大会盛況 若者と接点作り

8月に中国・上海で開催された「ザ・インターナショナル2019（TI9）」の賞金総額は約36億円に達した

9月12日から幕張メッセで開かれる「東京ゲームショウ2019」で、サッカーの日本代表決定戦が行われる。

ただし、扱うのはボールではない。コントローラーを握った8人の選手がサッカーゲーム「ウイニングイレブン」で競い合う。優勝者は日の丸を背負い、国際eスポーツ連盟（IeSF）が12月に韓国・ソウルで開催する世界大会に挑むことになる。

格闘技やカーレースなど、観客の前でゲームの腕前を披露する、eスポーツの市場が急拡大している。オランダの調査会社ニューズーは、19年の世界市場は前年比27%増の11億ドル（約1170億円）で、22年には18億ドルになると予測する。

成長の原動力はスポンサー企業の拡大だ。

8月に中国・上海で開催された「ザ・インターナショナル2019」。賞金総額が約36億円に達した大会で存在感を示したのが、優勝チームを支援したオーストリア飲料大手のレッドブルだ。競技会場では同社のロゴが至る所に掲示され、ネットで決勝戦の模様を観戦した200万人のファンにもアピールした。

世界のeスポーツ市場は拡大が続く

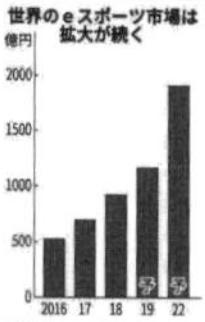

（出所）ニューズー

eスポーツに熱狂するのは主に10~20歳代の若者だ。注目大会では、一流選手のプレーを生で見るため10万人以上が会場に詰めかけ、数億人がネットで動画を視聴する。米ナイキや独BMWなど若者への訴求を強めたい企業にとっては、見逃せない市場になっている。

この流れが日本にも波及した。トヨタ自動車は3月、eスポーツに本格参入すると宣言。10月の東京モーターショーで開催するレースゲームの決勝大会に向け、ネット上で予選を進めている。日本コカ・コーラは、8月に開かれた高校生の大会に協賛した。サントリーホールディングスも選手に飲料を提供したり、来場者にサンプルを配ったりして認知度を高める。

これまでゲームと縁遠かった銀行すら参入する。三井住友銀行は1月、冠スポンサーとしてeスポーツ大会に協賛した。「ネット系金融機関が台頭するなか、将来のメイン顧客になる若年層と接点を作る」（同行）狙いだ。業界団体の日本eスポーツ連合（JeSU）にスポンサーとして参加する企業も増えている。

大会の模様を中継する動画配信サービスに広告を出す企業も多く、スポンサー収入はeスポーツ市場規模の7割以上を占めるほどだ。

これが高額賞金の原資となる。渋野日向子選手が初優勝して話題となった、今年の全英女子オープンゴルフの賞金総額は約5億円だ。一方eスポーツでは今年後半にかけて、数十億円を奪い合う大会が世界各国で相次ぎ開催される。

パソコンや周辺機器メーカーにとっても、eスポーツは無視できない。ゲームを快適に楽しむには高度な映像処理機能を備え、20万~30万円する「ゲーミングパソコン」が必要だ。ゲーム用のキーボードやマウスも、家電量販店では人気だ。ビックカメラでは7月、ゲーミングパソコンの売り上げが前年同月比で3割伸びたという。

日本でも盛り上がり始めたeスポーツだが、世界に目を転じると出遅れが目立つ。Gzブレインの調査によると、18年11月時点の日本国内の視聴者数は382万人。国内市場規模は18年に48億円まで伸びたが、世界市場の1割にも満たない。

高額賞金の対象となる人気ゲームの多くは米国企業が開発したものだ。ソフトの面でも日本の存在感はかすんでいる。

人気取り込み、日本後手

家庭用ゲーム機が普及

参加費、賞金に充当不可

eスポーツで日本が出遅れた理由は2つある。

まずは家庭用ゲーム機の普及だ。内閣府の2018年の調査によると、日本の13歳~29歳の携帯ゲーム機器所有率は約36%。韓国や米国の1~2割台に比べて高い。「ニンテンドー3DS」などでゲームを楽しむ文化が根付いている。

一方、eスポーツで主流のゲームを楽しむにはパソコンが必要だ。反射神経を問う格闘ゲームよりむしろ、「リーグ・オブ・レジェンド」や「ドータ・ツー」などチームを組んで知恵比べを繰り広げるオンライン対戦ゲームが好まれる。この分野では米国や韓国が先行している。

2つ目の理由は法制度の未整備だ。日本では刑法の規定により、eスポーツ大会の参加者から集めたお金を賞金に充てられない。賭け金を集める賭博行為とみなされかねない。普及活動に取り組むeスポーツコミュニケーションズ（東京・渋谷）の筧誠一郎社長は「日本では開催者が賞金を用意する必要がある。協賛企業を十分に集められなければ、赤字に陥りやすい」と指摘する。そのため国内大会の多くは賞金総額が数千万円規模にとどまる。

米グーグルや米アップルが参入するなど、オンライン対戦ゲームの市場は今後ますます拡大する。eスポーツの盛り上がりはその前兆だ。出遅れたままでは、日本が強かったゲーム産業が地盤沈下しかねない。

（北戸明良、橋本剛志）

2019年9月11日付　日本経済新聞朝刊　12面（『企業1』面）

【MEMO】

eスポーツ市場は若者の関心が強く、広告効果が高い。ゲームを楽しむための高性能なパソコン需要も高まっている。

③旬なキーワード、新しい取り組みの記事

盛り上がる話題は、新しいものや旬のテーマが中心となります。ただ、いつも同じ話題では飽きてしまいます。日々、アンテナを張りめぐらせて、企業の新しい取り組み、新しく登場したキーワードなどを、チェックしておきましょう。

左の記事では、人工知能（ＡＩ）やキャッシュレス、人手不足など、ビジネスだけでなく日常生活でも注目のキーワードが取り上げられています。ＩＴ（情報技術）による業務改善やサービスの効率化は業界を問わず取り組みが進んでいます。技術の進化も早いため「こんなことまでできるようになっていたのか！」というニュースが出てくることもありますので、しっかりとチェックしておきましょう。

「AI店員」「現金お断り」

外食、人手不足対策新メニュー

外食業界がデジタル技術や人工知能（AI）を活用し、人手不足対策に取り組む。AIと顧客の画像認識などを組み合わせて営業や販売促進サービスをするほか、キャッシュレス決済などでレジ作業の負担を軽減する。原価の高騰などもあり、経営の効率化に向けた施策が広がる。

東芝テックは2020年秋にも注文用タブレット端末とAI、カメラを使った飲食店向けの接客システムを展開する。

「お子様ランチはこちらです」「注文した料理にはこのお酒がよく合います」――。

画像や音声の認識に強い東芝グループのAI「リカイアス」を使った接客システムを販売する。飲食店の客席に注文用のタブレット端末を設置し、搭載されたカメラや店内に設置されたカメラの映像をAIで解析することで客層を分析する。

顧客の性別や年齢、グラスやお皿の状態などを画像解析する。注文用タブレット端末から客に合わせたメニューを対話形式で提案しグラスが空になると追加の注文を促す。人手不足に「AI店員」が対応する。

東芝テックはPOS（販売時点情報管理）レジで国内シェア5割を握る最大手だ。メニュー提案にはそのデータを使うほか、対話形式のやりとりから顧客の料理の好みを探りお薦めする。食事中の会話などプライバシーには配慮する。7月下旬から静岡県内のすし店で音声認識の実験をし、20年10月にもAIを使ったメニューの提案を始め順次機能を拡充する。

「お探しの商品はこちらですか？」。来店客の注文に無人レジが3つの商品を画面に映した。

モス 客の好み分析

モスフードサービスは神奈川県内のある店舗に画像認識を使ったレジを試験的に設けた。カメラで来店客の性別や年代を読み取り、同社の過去のデータから顧客に応じメニュー表示の順番などを変える。「野菜のメニュー」など客の曖昧な注文にも対応。提案内容やタイミング、顧客の実際の注文の状況を分析し音声解析の能力を高める。

19年に1千店規模でデジタルメニューを導入するのはすかいらーくホールディングス（HD）だ。地域や店舗ごとに、気温など複数の条件を勘案し来店動向を予測し、表示メニューを変える。来店客のスマホアプリと連動させ、個別メニューの提案も計画する。

プロント レジすいすい

野村総合研究所の調査では、レジの売上金の確認作業に飲食店などで1店舗あたり1日平均で153分が費やされているという「現金お断り」の完全キャッシュレス店も広がり始めた。

コーヒー店「プロント」を展開するプロントコーポレーション（東京・港）は2018年末に都内で完全キャッシュレス店を開いた。クレジットカードやQRコードなど30種程度の決済手段を導入する。

ロイヤルHDも都内で完全キャッシュレス店舗の実証実験をしている。UCCHDも「上島珈琲店」の直営店でキャッシュレスと同時に事前注文アプリを導入した。

海外では飲食店のデジタル化が進んでいる。米国のスタートアップEatsaは15年から接客員がいない飲食店を運営。顧客が端末で注文した料理をロッカーのような機器から取り出す。中国のアリババ集団も同様の店舗を開いた。米マクドナルドもAI企業の買収やアプリ開発会社への投資を始めた。

人件費や原材料費は高騰し、値上げでは吸収しきれない。日本経済新聞社による飲食業調査では18年度に対象の飲食事業社の57％が値上げしたが、経常利益額（17年度と比較可能な158社）は4・8％減と4年ぶりに前年実績を下回った。生産性の向上は急務だ。

（江口良輔、志賀優一）

プロントのキャッシュレス店ではレジに30種近い決済手段が表示されている（東京都千代田区）

外食各社では効率的な店舗運営を模索する

プロントコーポレーション（プロント）	18年に完全キャッシュレスの先行店を開業。都内中心に順次展開
UCCホールディングス（上島珈琲店）	決済手段を増やす。都内にキャッシュレス店の実験店
松屋フーズHD（松屋）	QRコード決済の対応や、事前注文アプリなど導入
モスフードサービス（モスバーガー）	事前注文システムにクレジットカードでの決済機能を追加
幸楽苑HD（幸楽苑）	楽天と組んで、来店客を識別する電子看板を実験

2019年7月14日付　日本経済新聞朝刊　7面（『総合5面』）

【MEMO】

外食や小売業界の人手不足は問題。IT化で補いつつ省力化やキャッシュレス対応を進めるが、設備投資への負担も課題。

Chapter.2

04

日経電子版を使って差をつけよう

日本経済新聞には、紙の新聞の他に「日経電子版」があります。その名の通りデジタル媒体でスマホやタブレット、パソコンで記事を読むことができます。2010年3月23日にサービスを開始してから年々利用者が増え続け、19年7月1日時点で会員数（電子版有料会員、専門紙ビューアーなどデジタル購読数）が72万人を超えています。

日経電子版には、当然ながらデジタル媒体ならではの機能があります。日経電子版を活用することで一段上の情報収集が可能になります。

「Myニュース」機能でニュースを自動収集

日経電子版の便利な機能の1つに「Myニュース」があります。日々配信されているニュースから自分の基準で記事を集めたり、選んで保存した記事（最大500

0本まで保存可能）を読んだりすることができます。「フォロー追加」で企業や業界、「キーワード」や「トピック・コラム」を設定しておけば自動で該当する記事やコラムを収集してくれます。

例えば企業で「ソニー」と選択すればその関連記事が、業界で「自動車」を選択しておけば自動車に関連する記事が自動で集められるため、うっかり読み逃してしまっても日経電子版がしっかりチェックしてくれていますので一安心です。

●全国20ブロックの地域経済面を読める「紙面ビューアー」

もう1つ便利な機能が「紙面ビューアー」です。こちらは直近30日分の朝夕刊と全国20ブロックの地域経済面を、実際の紙面イメージで見ることができます。画面の中とはいえ紙面がそのまま読めるので紙の新聞と同じ感覚で記事をチェックできます。

「紙面ビューアー」で見つけた記事を保存すると、「日経電子版」の「Myニュース」の「保存記事」に残ります。つまり紙の新聞の感覚で紙面を読みながらハサミやカッターナイフを使わずに記事を切り取って保存することができるという優れものです。もちろん日経電子版で保存した記事も「保存記事」に残るため、新聞の束の処分や切り取りの手間を省くことができます。

●情報を更新して雑談の鮮度を保つ

他にも様々なサービスが用意されています。自動車・機械やサービス・食品といった業界ごとの記事がまとめられていたり、株式や為替市況などの現状や分析をまとめていたり、その時々の統計データや旬な話題・社会の出来事の解説などを数字や図解で分かりやすく解説している「日経ビジュアルデータ」のコーナーなど盛りだくさんです。

著者の2人はこれらの機能を使って、雑談のネタを探し、集め、分析を続けています。例えば自動車業界というテーマについて常に新しい情報に目を向け活用することを心がけています。同じ業界のことを話すにしても同じ内容をそのまま使うのではなく、社会・環境の変化や企業・業界の新しい取り組みを会話の中に盛り込むことで雑談の鮮度を保ち続けられるようにしているのです。

Chapter 3

仕掛ける雑談の作り方

Chapter.3

01

3カテゴリーでネタ整理・分析

雑談のネタをどのようにして活用できる形にすればよいのか。ネタ集めの段階でいきなり「これはあの取引先との話題に使える！」となればいいのですが、実際にはそんなふうに見つかることはめったにありません。

雑談ネタをストーリー用に下ごしらえ

2章で、日経新聞や雑誌などを使ったネタの集め方を紹介しました。ただ、それ以外にも何気ない日常の中で、ふと目に入った光景、誰かとの会話で見聞きしたこと、過去に体験したことなども、もちろん雑談のネタになります。これらの雑多なネタも、可能な限りメモに残し、しっかり整理・分析すれば、強い武器になります。

あのお客さんはこのネタで盛り上がるだろう、あの商品を売る際に使えるな、などとしっかりイメージしながら、ネタを分析し、取捨選択する必要があります。

それでは、具体的にはどのように整理すればいいのでしょうか。当然ですが頭の中だけでこの作業をすることはできません。「ヘウレーカ!」と一瞬のヒラメキでできればそうなりたいものですが、そう簡単ではありません。

3つのカテゴリーに分けて整理する

ネタを分析する際には、3つのカテゴリーで整理します。

> 日常生活の中で見聞きしたり、体験したりしていることを**「市場」**
> 新聞やテレビ、ネットなどから得たことを**「情報」**
> すでに知っていること、また「市場」と「情報」から得た内容と組み合わせ、蓄積してきたことを**「知識」**

と私たちは呼んでいます。

言葉の本来の意味とは少し違うところもありますが、「市場」は自分が現実に経験したこと、「情報」は各種メディアから集めたこと、「知識」はそれらを基に自分で考えたこと、というふうに考えてください。

例えば、ふと立ち寄ったお店で初めて見る商品があったとか、電車のつり広告を眺めていて目についたことなど、自分がなんとなく気になったモノ、旅行先で見た光景、泊まった宿のこと、受けたサービスや体験したコト。これらすべてが「市場」の候補です。「あれ何だろう?」「これすごいな!」が原点となりますので、アウトドア派の人ほど見つけるチャンスは多いです。

逆に自分はあまり旅行とか行かないしショッピングもしないという方は、家に居ながらにしてインプットできるメディアから収集した「情報」を多用してください。各テレビ局のニュース番組や購読している新聞や雑誌、ネットニュースなどの有効性は2章でもご紹介した通りです。みんなが知っていて話題になっているニュースは最強です。ニュースの話はその時々によって変わるため、非常に使いやすいといえます。

自分が好きで持っている本や音楽・絵画なども役立てることができます。ある大学での講義で、米国とイランの対立と原油について話す機会がありました。そのときにはイランと原油というヒントから、百田尚樹さんの『海賊とよばれた男』について話しました。実際の出来事をモデルにした経済小説で、コミックスや映画にもされた作品です。時代背景から現代の問題点についてまで話したところ、学生さんにとても興味を持って聞いていただけました。

自分が知っていることから、話題の幅を広げるということです。そのために本を読み返したり、関係する事柄を調べ直したりすることで、「知識」が蓄積されていきます。得た知識を積み重ねていくうちに、一見バラバラでなんの関連性もないと思われることでも、どこかでつながってくることがあります。少しずつでも構いませんので積み重ねていくことが大切です。

もちろん自分が今まで蓄積してきたことが、何から何まですべて活用できるわけではありませんが、「知識」が幅広く豊富であればあるほど使えるチャンスは増え

雑談のテーマ「○○○」

市場

情報

知識

雑談のテーマに合わせて、上の３つのカテゴリーに分析して記入してみてください（80ページからの解説もご参考ください）。

ていきます。現実に起きている出来事との関連性に気づくことで、趣味や遊びの範囲内だった「知識」が、ビジネスに生かせるようになるのです。

ネタを使うシチュエーションを確認する

ネタの整理・分析を進めながら考えてほしいのは、どのようなシチュエーションで使うかということです。自分が何を目的として会話をするのか。営業であれば、自分が取り扱う商品・サービスはどういうものなのかを、何度でもしっかりと確認しておきます。カタログやパンフレットに書いてあることを読めばいいということではなく、自分なりの一番の強み（セールスポイント）と相手にとってのメリットを「自分の言葉」で話せないといけません。また、訪問相手は何をしている会社で、相手の役職、年齢はどのくらいか。できればどのような経歴で、どんな仕事をされてきた人なのか、その時点で分かっている相手の情報を確認しておきます。知らないところがあれば、少しずつ情報収集して空白を埋めていきましょう。さらに訪問先の周辺にはどんなお店やスポットがあって、最近変化したことはなかったかなどを注意して見ておきましょう。

シチュエーションを確認しておくことで、自分が話そうと準備している内容が「その時その場に適切かどうか」を点検することができます。夏の暑い時期に冬の話題を持ち出す人はいません。気を付けておかないとその場に合わない話をしてしまっているかもしれませんよ。

また事前に用意していた話題よりも、当日に訪問先に向かう途中で見かけたモノの方が、旬の話題でいい結果になる場合もあります。準備したことだけにこだわって、営業マニュアルのようなものに頼り過ぎると、会話の流れが予定外のものになった際、パニックになり、言葉が出なくなってしまうかもしれません。そのときに「そういえば入り口に置いてある絵は……」「社内でかかっている音楽は……」ととっさの話題を出せるとなんとかなります。〈こんなときには、この話題を〉といったパターンや、事例のバリエーションを自分のものにしておきましょう。引き出しが多ければ多いほど、何を話せばよいのか、そのとき冷静に対処できるはずです。そのためにも、訪問先への経路、社内の様子などもしっかりチェックする癖をつけましょう。

雑談は準備したことを話すのが目的ではありません。自分の目的にスムーズにたどり着くためのツールであり手段です。より相手に興味を持ってもらえるネタを選び、結果として自分の目的を達成できるのなら、どのネタを使っても構いません。自分なりの方法で使いこなしてください。

Chapter.3

02

3カテゴリーでのネタ整理・分析の例

毎年夏が来るたびに、どうしてこんなに暑いのかとうんざりしますね。この面倒極まりない猛暑・酷暑も雑談のネタとして使いやすい出来事です。暑くなってくると誰もが食べたくなるモノを雑談のネタにするにはどうしたらいいのかをまとめてみました。

氷菓子の代表格「ガリガリ君」（赤城乳業株式会社）を知らない人はいないと思います。「ガリガリ君」はテレビCMでもおなじみで老若男女問わず知名度が高い商品だからです。ユニークなネーミング、特徴的なイメージキャラクター、時には奇抜な「味」で話題を集めているのも、雑談のネタとしてとても向いているといえます。また食品という生活に密着した身近なものということもポイントです。それでは「ガリガリ君」をテーマに、先に紹介した市場・情報・知識の3つの切り口で整理・分析していきましょう。

自分の体験を書き出す

↓

市場

山手線のホームで変わったモノを見かけた。「ガリガリ君」をPRするラッピング車両だ。一瞬イベント列車かと思ったくらいのインパクトがあった。広告ラッピング車両を走らせるのは、車内広告以上の宣伝効果がある一方でコストがどのくらいかかるのかが気になった。

メディアなどから得た情報をまとめる
（箇条書きでもよい）

情報

・2018年８月上旬にかけ猛暑がまだ続くとの予想が出た。埼玉県熊谷市で国内の観測史上最高となる41.1度の気温を記録。東京都青梅市で40.8度、岐阜県多治見市40.7度、山梨県甲府市で40.3度といずれも40度を超えた。東日本と西日本では、気温の高い状態が８月上旬にかけて続く。（2018年7月24日のニュース記事より）

・ガリガリ君の時期ごとのラインアップの工夫

参考にした記事

中国メディアの環球網も24日、日本メディアの報道を引用し、23日には埼玉県熊谷市で国内観測史上最高となる41.1度の気温を記録したこと、都内でも青梅で40.8度を記録し、都内で観測史上初めて40度を超えたこと、気象庁の竹川元章予報官が「命の危険のある温度、1つの災害であるという認識はある」と説明したことなどを伝えた。(翻訳・編集/柳川)

出所元：Record China
「日本の『殺人的な』猛暑、海外メディアも伝える」より一部抜粋
https://www.recordchina.co.jp/b628016-s0-c30-d0054.html

赤城乳業では夏を「プチサマー」「ファーストサマー」「セカンドサマー」と三つに分け、初夏から秋にかけてその時期に応じた商品展開をしている。

出所元：ITmedia　ビジネスONLINE
「赤城乳業名物部長が語る『ガリガリ君秘話』」より一部抜粋
http://www.itmedia.co.jp/business/articles/1705/25/news123.html

もともと知っていたこと、調べて分かったこと、
自分で考えたことなどを書き出す

知識

・アイスクリームは気温が22〜23度を超えると売れ行きが増え始めるようになる。ところが30度を超えると今度は氷菓・かき氷へと売れ筋が移り、一転してアイスクリームの売れ行きが鈍っていく。こうしたことからメーカーの生産計画はもちろん、小売現場の仕入れ・品ぞろえには気温の推移が大きな影響があることが分かる。

・ガリガリ君は意表をついた味の商品を展開しているのが面白い。予想外の味にチャレンジするのも他社との差別化につながっていると思う。

自分が話しやすいデータを集める

こういった感じで「ガリガリ君」というネタについて整理・分析をしていきます。ここで注意してほしい点は、自分が話をできる内容・話をしやすいデータを集めなければならないということです。

ラッピング車両は自分の目で見た感想に実感が込もっていなければいけません。テレビのニュース番組で取り上げられたのを見たのと、実際に（いきなり）見たのとでは大きく差がついてしまいます。好きな歌をCDなどで聴くのと、コンサート会場で生で聴くのとでは迫力も感動もまったく別物なのと同じことです。〈ラッピング車両を見た〉という経験は、自分が予期していなかっただけに驚きが大きいものになります。「今朝は面白い（びっくりした）ことがあったんですよ！」と会話の口火を切れば、相手はまずは聞いてみようという気持ちになります。そこからガリガリ君の情報やアイスについての知識で会話を広げていきます。「こう暑い日が続くと冷たいものが欲しくなりますね」「業界も気候任せではいけないので初夏から秋にかけてラインアップに工夫があるらしいですよ」と情報を小出しにしつつ、「当然ですが気温によって売れ筋が変わり、アイスと氷菓では気温で線引きできるんです」と雑学を披露する。もちろんアイスの話に乗ってくれなければ広がりようはありませんので、無理だなと思ったら「冷たいものが欲しくなる」から方向を変えて「暑い日にあえて熱いものを食べるのもいいですね」と切り替えるのもいいでしょう。

ニュースなどから得る情報については2つの使い方があります。1つ目は相手も知っていることを話して、相手と自分が同じ情報を持っているという仲間意識（共通認識）を持つ使い方。2つ目は相手が知らない情報を提供し、自分の付加価値を高める使い方です。ガリガリ君という商品はどちらも知っているはずなので共通認識。ラッピング車両や赤城乳業の商品展開の考え方については知らない可能性があるので付加価値になりそうです。

「知識」は、相手のビジネスや自分の扱う商品との関連性を考慮しつつ、自分なりの解釈や意見を「こんな方法・使い方も面白いですよね？」と提案してみたら、相手の興味・関心を探る手掛かりにもなります。

このように雑談を楽しい会話にするために、まずは自分が「市場」で見たことやテレビ・ニュース・雑誌などからの「情報」をメモをする。そして、それに関係のある会社の情報などを調べて、自分の知っている「知識」と結びつけられれば、雑談としての会話が成立するのです。

Chapter.3

03 ゴール（商談）を意識したストーリーを作ってみよう

雑談を起承転結で構成する

物語には起承転結があるといいます。本来は中国の詩（漢詩）で絶句（4句：4行、4つの段落）のことを意味していたものが、転じて日本では現在のような意味で使われるようになりました。

「起」：事実や出来事、その背景など
「承」：起に関する詳しい内容や問題点、意見
「転」：関連はあるが視点や切り口が違う事実や出来事
「結」：結論

以上の4つで小学校のときに習ったという人も多いでしょう。実際にはこの順番

通りにストーリーになるわけではありませんが、1つの目安として雑談においても
この流れでストーリーを作ることができます。

「起」：雑談をどう始めるか？→どのネタが相手の興味を引くかを探る。
「承」：雑談をどう盛り上げるか？→より相手を引きつける。
「転」：自分の目的に話を誘導する→目的に関連づける。
「結」：目的を達成する→商談に話題を変え、相手と合意に達する。

起承転結の考え方を雑談の流れに当てはめると、このような形になります。全体のバランスは「2：4：3：1」くらいと考えましょう。もちろん相手や状況によっては比率が変わりますが、「結」の部分は1で十分です。

「起」の部分は、相手とスムーズに会話するため、相手の関心事を確認します。そのために必要なのは話題の豊富さです。相手が興味を持ちそうなネタをどれだけ幅広く用意できているかがポイントです。「承」の部分は、会話の中で「そうだよね」「君もそう思うんだね」と納得や共感の言葉を引き出して、自分と同じ趣味や価値

観を持つ仲間と思ってもらえることが目的です。つまり相手に「よく知っているね」と思われる知識の深さが求められます。「転」の部分は、ここまでの会話と関連づけて、本来の目的に誘導します。「ところで◯◯って知っていますか？」と話せる情報の広さが必要になります。「結」では、これまでの流れを受け、「だから◯◯しましょう」と提案（結論づけ）だけになります。契約の話になって手間取るなら、それまでの流れに問題があるので見直してみましょう。

●「結」から逆に考えていく

それでは、具体的にどのように雑談のストーリーを作ればよいのでしょうか。最初に決めなければならないのは「結」の部分です。その商談や会話の目的をしっかりと見定めてください。相手とのコミュニケーションを深めたいのか、何か情報を引き出したいのか、自社の商品やサービスを購入してほしいのか。ビジネスシーンでの目的は、相手との関係性やタイミングによって異なります。まずは自分の目的を明確にしましょう。

次にすべきことは、これまでに集めた知識・情報（雑談のネタ）と目的との関連性を考えること、つまり「転」です。この部分ができなければ雑談と商談はつながらず成果に結びつけることができなくなります。まったく無関係な雑談は無意味です。どのようなささいなことでも構わないので、つながりを見つけ出してください。もしどうしても関連性が見えてこないときは情報（雑談のネタ）が不足しています。改めてネタになりそうな情報の収集に力を注いでください。

雑談のネタと商談の間に関連づけができればあとは相手に雑談に乗ってもらう、引きつける工夫、つまり「承」が必要です。自分と相手の共通の話題として盛り上がれるかどうかが重要なポイントになります。その話をもっと聞きたい、面白いと相手に思わせることが必要です。そのためには話題にしたいネタについて自分がしっかりと理解し、説明できるようになっていなければなりません。上っ面だけの「こんなことがありましたね」だけでは相手の心には届きません。「これって実は○○だったそうですよ」と補足情報を付け加えることで「なるほどそうなんだ」と納得につながります。使おうと決めたネタについて、しっかりと調査・確認をすればするほど相手を引きつける可能性が高くなるのです。

あとは最初の「起」の部分です。ここでは自分の用意したネタを話題にしてよいかどうかを判断するところです。これを間違えると起承転結どころか起だけで終わってしまったり、起・承・承・承と、前置部分だけで本題に入れなくなってしまいます。ポイントは相手に興味があるかないかを探ることです。まったく興味がないネタは早めに見切ってください。「へぇ」「ふーん」と関心がない相手にどれだけ熱弁を振るっても話は続きません。このネタはダメかなと思ったらこだわらずに別のネタに切り替えていきましょう。

●起承転結での雑談の作り方

目的：自社商品の販売契約
ネタ：インバウンド（訪日観光客）の増加
発展：モノ消費からコト消費への変化

例えば、自社商品の営業を目的として、インバウンド（訪日観光客）の増加を雑談のネタとし、さらに話題の発展先としてモノ消費からコト消費への変化という情報を使うと仮定します。自社商品のところはそれぞれ皆さんの扱われている商品をイメージしてください。インバウンド（訪日観光客）についてはよくニュースで見聞きしますのでお手軽なネタだと思います。その背景として外国人の日本人気の高まりもよく聞く話です。さらに最近はコト消費いわゆる体験型消費が、様々なメディアで取り上げられるようになり、インバウンド（訪日観光客）からも注目を集めています。

実際に雑談を始めるなら、「昨日の新聞（テレビ）で今年もインバウンドがすごいと出てましたね」「今外国人に◯◯が人気だそうですね」のように軽く話題を振ってみます。普通なら「そうだね」「そうなんだ」くらいは返事を返してくれます。そこで探りを入れてみます。「そういえばインバウンド消費が高級品から日用品にシフトしていると聞きますがどう思われますか？」と意見を聞いてみます。興味がなければ「別に」「そんなものじゃないの」と素っ気ない答えでしょうが、少しでも興味があれば何かしらの意見・考えが出てくることでしょう。興味がなさそうなら別の話題に変え、ありそうなら補足情報を出してさらに探りを入れてみましょう。

「最近は体験したり商品の裏話のような部分に引かれる消費者が多いそうです。例えば……」と調べた情報を小出しにしていきます。食品だと素材へのこだわりやフェアトレードに興味を持つ人が多いとか、アパレルなら涼感や発熱保温など付加価値に引きつけられるとか、外食や小売りなら環境意識の高まりで包装の見直しが話題になっているとか、相手のビジネスに関連がある情報を使うといいでしょう。

その中で相手との会話が盛り上がればしめたものです。しばらく言葉を交わして相手に雑談を楽しんでもらいます。そして「ところで」と話を軌道修正します。「最近は、お客様が自分で作ったり、参加する体験型が注目されていますよね」などコト消費への消費傾向の変化を取り上げたうえで、こちらの目的である自社商品のPRにつなげます。「弊社でも体験型の◯◯を取り入れました」「私どもの新製品も先ほどの◯◯と同じように、こんな裏話があるんです」と自分の話に持っていってください。

そうすればあとは結論です。契約に至るか至らないかは、雑談でしっかりと相手の心をつかんでいればおのずと答えが出てくることでしょう。

商談でつまずく大きな理由は、「結」である商談にたどり着けない、もしくは雑談の流れがいびつで、相手の共感・感動・納得を十分に得ることができないことにあります。実は商談の失敗とはそもそも商談にすらなっていなかったということが多いのです。この問題を解決するにはネタをしっかりと整理分析し起承転結の流れに沿ったストーリーを作る必要があります。先に紹介した3カテゴリー分析を活用し、どういうネタで、どうストーリーを発展させるかを整理してください。

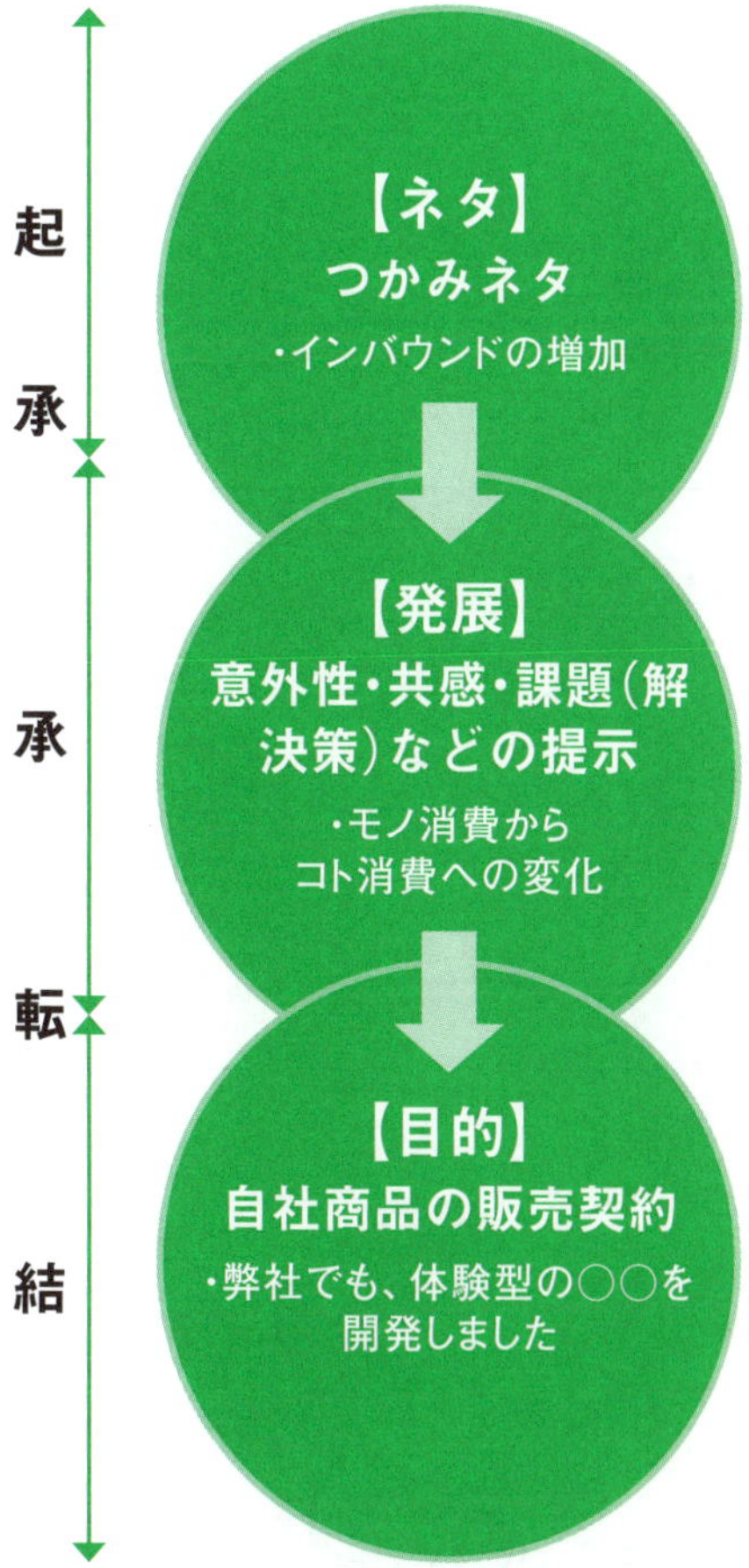

提示した「意外性」「共感」「課題(解決策)」などと、自社商品との関連づけを、いかに行うかが最大のポイント。

（3カテゴリー分析と起承転結の関係性）

市場　自分の体験

情報　メディアから得た情報・気づき

知識　調べて分かったこと。自分で考えたこと。

3カテゴリー分析から作る雑談の流れ

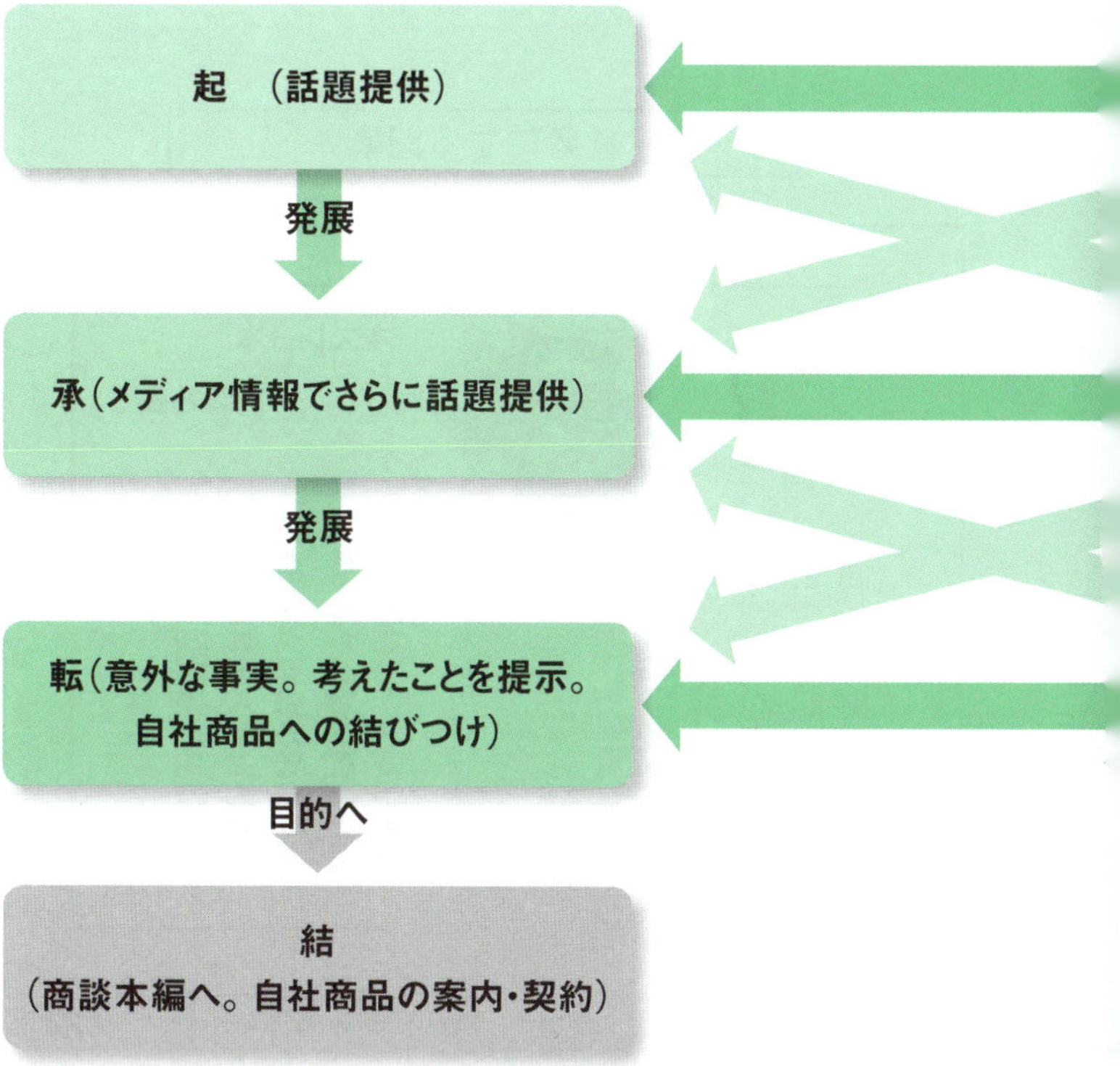

【起】は、「市場」の内容を提示。状況によっては「情報」を提示するのも有効です。
【承】では、日経新聞などから得た「情報」を相手に提供してさらに話題を展開。ここで「市場」や「知識」を織り交ぜてもよいでしょう。
そして、【転】で「知識」を提示。自分の考え、相手が知って「なるほど」と思えるような話題を出していきます。「情報」から意外な事実、気づきを相手に紹介してもよいでしょう。そして、自社や自社商品に関係づけていきます。
【結】は、【転】を受けた商談本編となります。

3カテゴリー分析・整理から、起承転結を活用した雑談事例を紹介します。
「情報」はいずれも、日経新聞を活用しています。

雑談作成実例 1

個人商店などに対して、セールスプロモーション（看板、パッケージ、ウェブサイト制作など）を行う広告代理店が、観光客向けの商品・サービスについて提案する例。

参考にする記事

ニュース一言

ネスレ日本
高岡社長

チョコレート菓子「キットカット」は国内売上高の10～15％を訪日外国人が占める。プラスチック廃棄の問題に非常に敏感なため環境配慮型の包装に改めていく必要がある

ネスレ日本は9月から主力ブランドで包装の一部に紙素材を使う。高岡浩三社長は「深刻な海洋汚染で、欧州では消費者の脱プラスチックの意識が高まっている」と話す。国内の消費者の意識も変化するとみており、訪日客に人気の商品から取り組む考えだ。

2019年8月9日付　日本経済新聞朝刊　13面（『企業2』面）

東海道新幹線を利用する外国人客は増える（東京駅）

全国に遅れ 中部の鉄道

訪日観光客増加 おもてなし急ぐ

中部の鉄道各社が訪日外国人（インバウンド）対応に本腰を入れ始めた。9月のラグビーワールドカップ（W杯）開幕や訪日観光客の増加を受け、必要性を指摘する声が高まっていた。東京や大阪では2020年の東京五輪や25年の大阪・関西万博を見据えた対策が進んでいる。名古屋も「第3の国際都市」を目指し、サービス拡充を急ぐ。

案内を多言語対応

▲駅名や路線　無料Ｗｉ－Ｆｉ▼

一般や通勤車両も

ＪＲ東海は18年11月、在来線特急「ひだ」「南紀」の全車両で無料Ｗｉ－Ｆｉの導入を開始した。東海道新幹線の各駅や津駅、高山駅（岐阜県高山市）などでも使える。名鉄では主要駅とミュースカイを含む特別車両のみで導入しており、19年度からは一般車両や通勤列車でも使えるようにする。

名古屋市営地下鉄の東山線は2月、駅名と路線名をアルファベットと番号で示す「駅ナンバリング」の英語放送を始めた。19年9、10月には豊田スタジアム（愛知県豊田市）でラグビーW杯の試合が控えていることから、中部の鉄道各社が対応を加速している。

名古屋鉄道は3月、中部国際空港駅（愛知県常滑市）と名古屋駅などを結ぶ特急「ミュースカイ」で、車内の案内表示を日英中韓の4カ国語に増やした。中部空港の18年度の国際線の外国人利用者数は前年度に比べ10％伸びており、特に中国や韓国の観光客が増えている。

ただ、多言語対応や無料Ｗｉ－Ｆｉは全国的には珍しい取り組みではない。東京や大阪に比べ、むしろ名古屋は対応が遅れていた。

名鉄は5月に初めて、インターネットで日英中韓の4カ国語に対応する特別車両券の予約・購入サービスを開始した。すでに他の大手私鉄は数年前から始めている。訪日客の利便性を高めるには、ネットでの事前予約やチケットレスサービスは欠かせない。

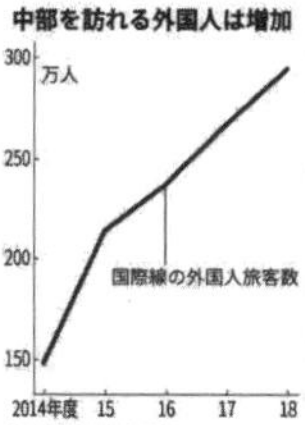

政府は20年に訪日客数4000万人との目標を掲げる。16年度の観光庁の調査で、訪日客が「無料Ｗｉ－Ｆｉを利用したかったが利用できなかった場所」として挙げたのは鉄道車内が24・7％と最多だった。「施設スタッフとのコミュニケーションで困った場所」でも駅やターミナルが12・2％に上った。政府は鉄道各社にインバウンド対策の強化を呼びかける。

東京地下鉄（東京メトロ）などでは最近、電車の到着案内を時刻ではなく「あと何分」とする英語表示が広がりつつある。海外で慣れ親しまれた形式だ。インバウンド対策と言っても、電光掲示板の文字の大きさや乗り換えのしやすさなど、実際の利便性には改善の余地がありそうだ。

少子高齢化で日本の人口は減少する一方、人の移動は活発になって日本を訪れる外国人数は右肩上がりだ。国境を越えたグローバル化の波は押し戻すことはできない。鉄道各社には時代に合った柔軟性とサービス向上が求められている。

（林咲希）

車内で英語アナウンス なぜ肉声

ＪＲ東海

細かなサービス実現 狙う

「We are stopping at Nagoya station」――。ＪＲ東海が東海道新幹線の車内で肉声の英語アナウンスを始めてから、半年が過ぎた。日本の大動脈と言われる東海道新幹線は外国人客も多く利用する「日本の顔」だ。自動音声ではなく、あえて肉声の英語に踏み切った理由とは何か。

東海道新幹線では2018年12月、それまでの自動音声から、車掌の肉声による到着駅と出口方向の英語アナウンスに切り替えた。19年6月には新たに放送内容を拡充し、最速列車「のぞみ」は訪日客向けの「ジャパンレールパス」で利用できないことを知らせるアナウンスを始めた。

ＪＲ東海は18年8月から、乗務員への英語訓練を新たに始めており、例文や災害時の英単語の習得を促した。自動音声認識ソフトやグーグル翻訳など、各種ツールの導入も進めている。

当初は乗務員らの反発もあった。ＪＲ東日本やＪＲ西日本をはじめ、他の鉄道各社では英語の案内は自動音声が一般的だ。ＪＲ東海があえて肉声に切り替えたのは、自動音声では対応できない細かなサービスを実現するためだ。

東海道新幹線「のぞみ」「ひかり」「こだま」の行き先や停車駅は列車によって違う。車掌は出発前に英語で誤乗の防止を呼びかけたり、ホーム上の売店の有無を伝えたりして、訪日客の利便性を高めている。車内巡回中に英語で問い合わせを受ける機会も増えた。特に、緊急事態に対応するためには日常的に英語に慣れ、柔軟な会話力を身につける必要があると判断した。

利用者の反応は分かれる。外国人観光客からは「好感が持てる」「やっと日本で英語が通じるようになってきた」といった意見がある。一方で国内からは「聞き取りづらい」「不快だ」といった声も届く。ＪＲ東海は今後、英語訓練で発音や会話力の強化を目指すという。

2019年7月24日付　日本経済新聞朝刊　『中部経済』面

インバウンド

市場

・最近、無料のWi-Fiがあちこちで増えているような気がする。スマホの接続先が増えているからだ。
・看板や商品のPOPでは日本語以外の表記が当然のようになっている。街中で見かける海外からの観光客もかなり多いように感じる。

情報

・中部の鉄道会社はインバウンド対策として車内の案内表示を日英中韓の４カ国語に増やしたり、車両内で無料Wi-Fiサービスを提供。さらに、駅名と路線名表示をアルファベットと番号で示す「駅ナンバリング」をして、英語放送なども行っている。これらのサービス提供は地域差があり、大都市圏や観光客が多い地区では進んでいるが、それ以外ではまだまだのところも多い。
・ネスレ日本の「キットカット」が外国人観光客に大人気。

知識

・日本では訪日観光客が増加しており、日本の景気を下支えしている。ネット環境整備や言語対応が必要な一方で、外国人が日本の何に興味を持っているのかを知ることが重要である。
・「カプセルトイ」にお金を使う外国人が多いというニュースを見たことがある。意外なものが、外国人には受けることがある。飲食店の店頭にある食品サンプルに驚く外国人も多いようだ。

起

無料Wi-Fiや、街中の広告・看板などの外国語表記が増加。新幹線の車内放送でも乗務員が英語で行き先案内をしている状況から、「新幹線の車内放送の英語は、英語が苦手な私には聞き取りやすいですが、ネーティブの人にはどう聞こえているんでしょうかね」「商品のPOPが日英中韓とマルチリンガルで見ていて面白い」といった感じで、会話を切り出す。

承

英語表記の名刺やウェブサイトの外国語対応などビジネスシーンでも海外を意識した表示は増えている。さらには商品企画やパッケージで「和風」を意識したものにするなど、外国人観光客や、海外市場を視野に入れることも多い。「うちもたまに海外から問い合わせが入って、メールはともかく電話は慌ててしまいます。海外の市場開拓も重要ですよね」「日本が好きで来日する観光客が、日本をイメージするものをよく買うみたいですね」と苦労話や近年の動向を話してみましょう。

転

さらに会話を発展。外国人に人気の商品は色々あり、「こんなものが?」というのもある。精緻な食品サンプルや、手の込んだつくりのカプセルトイが人気で、お土産店や空港の一角にコーナーが増えていることから、「実は外国人にカプセルトイが人気らしいです」「ご存じでしたか?キットカットが訪日外国人に売れているんです」とニーズがどこにあるのか話していきます。

結

外国人に受ける可能性のある商材を扱う店などに対して、「意外なものが受けること」「外国語対応の必要性」を説きます。「貴店は、外国人が興味を持つ古き良き日本の文化を象徴する商品がいっぱいです」「日本人向けというより外国人向けにホームページを作成してはいかがでしょうか」のような提案ができるでしょう。

※著者注:ネスレ日本のキットカットは、抹茶味が外国人に特に人気とのことです。「転」で、「キットカットをはじめ日本をイメージさせる抹茶味が人気とのことです」といった話題提供するのもよいでしょう。

雑談作成実例 ❷

メーカーの営業担当者が、原油危機や環境問題を背景に、自社が開発した商品をBtoBの取引先に売り込むケース（素材などに、ユニークな工夫があるという前提です）

参考にする記事

陶器・磁器活用の「美濃焼ストロー」

プラごみ削減で機運　新たな地場産品探る

岐阜県土岐市の市立陶磁器試験場・セラテクノ土岐は地場産の陶器や磁器を活用した「美濃焼ストロー」を開発した。

環境対策からプラスチック製のストローの使用を減らそうという機運が広がるなか、新たな地場産品の活用策を探る。

開発したストローは手作りの味わいが感じられる織部、黄瀬戸の陶器製と、量産でき転写技術を使いさまざまな柄を付けられる磁器製がある。いずれも長さは20センチ。直径は5ミリ、7ミリ、1センチの3種類で、それぞれガラス棒に土を巻いて焼き上げた。

同試験場は焼き物のストローは世界で初めてとしている。

直径1センチのストローだと、流行しているタピオカミルクも飲めるという。

地元製造業と4月から開発に乗り出していた。8月中旬から、土岐市の飲食店5カ所に提供し、利用客に感想を聞いて商品化を目指すとともに、市内の展示会にも出し、販売業者にアピールする。

製品化したときの1本あたりの価格は、陶器製が5千～6千円、磁器製が千円台を見込んでいる。

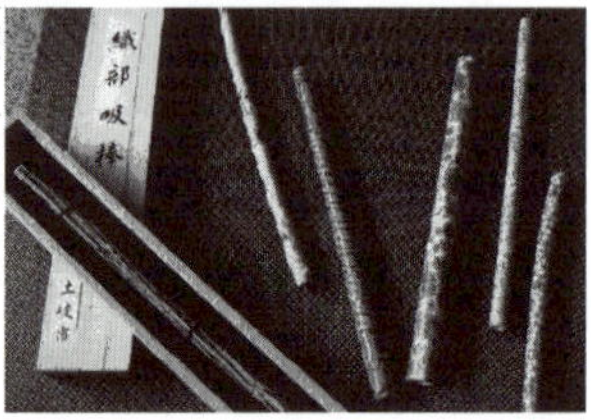

開発したストローは、織部、黄瀬戸の陶器製と、さまざまな柄を付けられる磁器製がある

2019年9月7日付　日本経済新聞朝刊　『中部経済』面

ガソリン9週ぶり上昇

店頭価格　原油コスト高が背景

資源エネルギー庁が26日に発表した24日時点のレギュラーガソリンの店頭価格（全国平均）は前週に比べ0・9円高い1リットル143・8円だった。原油の調達コスト上昇を受けて、石油元売り各社が前週に卸値を引き上げたことを映した。値上がりは9週ぶりとなる。

宮城や群馬など39都道府県で上昇し、沖縄や秋田などの4県で値下がりした。横ばいは大阪や鹿児島などの4府県だった。全国最高値は長崎の155円。最安値は滋賀の137・3円だった。

軽油は前週比0・7円高い1リットル125円。灯油は0・4円高い同90・2円だった。

14日にサウジアラビアの国営石油会社サウジアラムコの石油施設が攻撃を受けたことで、原油相場は攻撃前よりも高い水準で推移している。原油の調達コストの上昇を受け、元売り各社は今週も卸値を1リットルあたり1・5～2・5円引き上げると系列の給油所に通知した。調査を行う石油情報センターは「来週も値上がりする」と予測する。

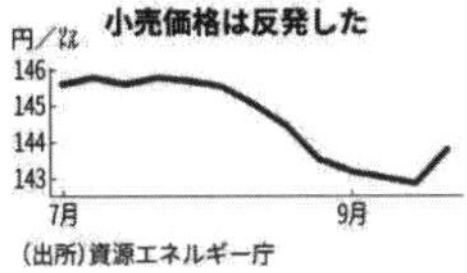

2019年9月27日付　日本経済新聞朝刊　23面(『マーケット商品』面)

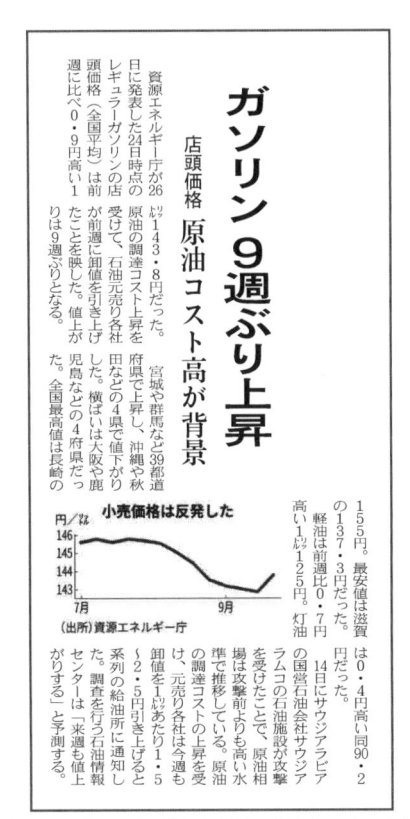

石油の需給問題

市場

・普段から車を使っていると、ガソリンの価格変動が非常に気になる。

・プラスチックやゴム、合成繊維など原油由来のものが多い。原油価格の変動が、物価を動かすのも納得である。

情報

・石油由来のプラスチックのゴミが社会問題となっている。ストローをエコな材料のものに替えようという動きがある。紙製は広がりつつあるが、陶器製のストローを開発している企業もある。

・中東の政情不安定で原油価格が上昇している。米国とイランの対立、サウジアラビアの石油施設が攻撃を受けるなど、今後の原油供給は不透明である。

知識

・日本にとって原油は海外依存度が高くリスクが大きい。

・環境問題がクローズアップされ、「脱石油」が課題。省エネへの取り組みや、環境に配慮した素材の使用などにより、環境保全に注力する企業も増えている。

起

まずは分かりやすい例から話に入ります。例えば「営業車も最近ガソリン代がバカにならないみたいです。近場は電車やバスを使うようにと言われます」と誰もがうなずく内容で相手に「そうですね」と同意を重ねさせることがポイントです。「空調もエコで弱めにされていて、外回りから戻った直後はツライですよね」と笑いながら弱音を吐くのも「営業経験者あるある」でいいでしょう。

承

「ガソリンといえば……」「エコといえば……」と前振りから少し話を進めていきましょう。「中東の政情不安でガソリンも値上がりしそうですね。治安が悪くなると他のビジネスにも影響が出るのでこれから不安です」「原油価格が上がると影響が出ますよね。いまなお石油に頼る産業が多いですから」と波及効果があることを確認していきます。

転

「(燃料費や光熱費もそうですが)材料費も上がりますよね」の後に「これからはエコと環境対策で石油にたよらない商品が注目されています」と具体例を挙げていきます。美濃焼ストローはその一例です。ゴミ問題に対する答えであると同時に、これまでにない素材で作られたインパクトと美濃焼の芸術性が付加価値となっています。

結

実は当社でも「美濃焼ストローのように、素材を○○○に置き換えてみました」など、「石油由来のものを減らしている」や「環境に配慮した原材料から作られています」という切り口にすることで価格以外の魅力を伝えることができるでしょう。原油は応用範囲が広い資源なので、どの業界への話題としても使うことができます。

雑談作成実例 3

社内で、新しい商品企画について、ブレストする場面です。市場動向・他社の取り組みについての雑談をきっかけに、コト消費の可能性を提案します。

参考にする記事

ファミレス「個客」歓迎

電源・ついたて…1人席充実

単身世帯増 取り込み競う

外食各社が「お一人様」の取り込みに本腰を入れる。ファミリーレストラン「ガスト」は、席の両側についたてを配置し、電源を備えた1人席を拡大する。定食店「大戸屋ごはん処」は1人でも快適に食事できる新型店を開業した。単身世帯の増加が続くなか、従来はファミリー層の利用が多かった飲食店でも「個客」の取り込みが急務になっている。

「ガスト　赤坂見附店」（東京・港）はこのほど、5席だった1人席を20席超に大幅に増やした。他人の視線を気にせずに済むように、席の間についたてを設置。コンセントも用意し、充電しながらスマートフォンを操作したり、パソコンを使ったりできる。

ガストを展開するすかいらーくホールディングス（HD）では2018年から1人席を増やす改装を20店超で実施。今後も増やす計画だ。作業や休憩といった食事以外にも使いやすい空間にして来店の機会を増やす。

大戸屋HDが6月に全面改装した町田東口店（東京都町田市）では1人用席を19席と約2倍にした。ロングテーブルは座る位置や高さをずらし、正面に座っても視線が合わないようにした。実際に女性などの1人客が増え、客数は1割超伸びた。反応を見ながら他店舗への展開も検討する。

1人用に用意されたボックス席（東京都港区のガスト新橋店）

焼き肉やステーキでも1人向けの業態が人気を集めている。ダイニングイノベーション（東京・渋谷）が18年夏にJR新橋駅近くに開いた「焼肉ライク」は、1席に1つずつ無煙ロースターを設置。1000円程度で焼き肉が楽しめる。7月までに9店を開業した。

松屋フーズHDも3月、店内の23席がすべてカウンター席のステーキ店をオープンした。

ファミレスや焼き肉など家族層の利用が多かった飲食チェーンが「個客」向けの店舗を増やしているのは、単身世帯の需要を取り込むためだ。国立社会保障・人口問題研究所によると、20年の総世帯数のうち単身世帯は36%となる見通しで、今後も増加するとみられている。

単身世帯は総菜などの中食や外食を利用する機会が多い。調査会社のNPDジャパン（東京・港）によると、1人当たりの中食や外食支出は2人以上の世帯の1・5倍になっているという。ファミリー客と比べて注文数は落ちるものの、店舗での滞在時間が短い。回転率などを高めて客数を増やせば店舗の売り上げ増加にもつながりそうだ。

2019年8月17日付　日本経済新聞夕刊　1面

飲食店3つの新潮流

シェア店舗▲モス　メロウ▼移動販売を仲介

飲食店で新たな経営モデルが広がっている。1つの立地に2業態を出店するシェア型店舗や移動式のフードトラック、客席を持たないデリバリー専業店——。一過性ではない人手不足や立地難を背景に、出店攻勢で売上高を純増させる外食ビジネスの定石は通じなくなりつつある。海外ではこうしたモデルが定着しており、日本でも新たな潮流として存在感を増しそうだ。

省コストで好立地

JR桜木町駅(横浜市)から徒歩2分、ホテルのビル1階に2つの飲食店の看板が並ぶ。モスフードサービスが7月に出店したモスバーガーの高級店「モスプレミアム」と喫茶専門店「マザーリーフ」の複合店だ。カウンターこそ2つに分かれているが、厨房や従業員をシェアしている。

シェア型のメリットはピークタイムを平準化できる点だ。バーガーやアルコールを出すモスプレミアムは昼と夜に来客が集中する一方、喫茶のマザーリーフは午後2~5時も売り上げを見込める。別の場所に出店するより人件費を2割抑えられる。内田優子取締役は「多様なニーズに応えながら効率的な運営が可能」と話し、今後も複合出店を模索する。

ドトール・日レスホールディングスは2017年から郊外で「星乃珈琲店」と「洋麺屋五右衛門」を同じ立地に出店。繁閑に応じ従業員が行き来するほか回遊する客も多く、2カ所で営業するより投資回収が早く済む。リンガーハットはちゃんぽんとトンカツ「浜勝」のメニューを提供する店を7月に開業した。

賃料の上昇で好立地を探すのは容易でない。シェア型はコストを抑えながら売上高を伸ばせるため、賃料の高い場所にも出店幅を広げられる。

立地の制約を取り払い食事ニーズを取り込もうと、移動型のフードトラックも広がっている。

東京・銀座の昼下がり、ビルの裏手に駐車する7台のトラックに列ができた。タコライスやインド料理などトラックは毎日、入れ替わる。

取りまとめるのはスタートアップ企業のMellow(メロウ、東京・渋谷)。空きスペースとトラックをマッチングするサービスを運営する。地権者から営業許可を取り、加盟する事業者をエリア別に入れ替える。消費者はアプリで周囲のトラックのメニューや価格を確認できる。

一般的な店舗の場合、開業に1千万~2千万円の経費がかかる。フードトラックは車両の調達と改装で250万円程度で済む。地権者に売上高の5%、メロウに10%を支払う。単価千円で1日に70~80食を販売すれば30%近くの営業利益を確保できる計算になる。

8月時点で都心を中心に160カ所、600店に拡大し、定期的にアプリを使うアクティブユーザー数も月1万2千人に達した。

夢の街▶宅配専業を後押し

来店客が訪れる実店舗を持たないことから「ゴーストレストラン」と呼ばれる業態も注目を集めている。設備は厨房だけで客席はない。デリバリー専門の飲食店だ。

東京・日本橋のオフィス街の一角。人目につかないビルの2階で、牛乳や生フルーツを使ったシェークの専門店「LENN CAFE(レンカフェ)」がゴーストレストランの開業準備に追われていた。足立区で通常の飲食店を営業するレンカフェだが、都心での需要を取り込むため、宅配専業店の開業を決めた。

キッチンを提供したのは出前館を運営する夢の街創造委員会だ。出前館で取り扱うメニューや店舗を広げるためキッチンを貸し出し、ゴーストレストランの事業化を後押しする。

スタートアップのSENTOEN(東京・渋谷)も6月、デリバリー向けのコワーキングスペースを開業した。油そば、バーガー、サラダなど7つの飲食店が入居。開業1カ月で注文数は3千食を超えたという。

中国や米国ではゴーストレストランが急拡大している。中国ではスタートアップの熊猫星厨(パンダセレクト)がシェア厨房を100カ所以上展開。19年に入ってからも50億円以上を調達し拠点拡大を加速している。

もちろん、新たな経営モデルには課題も多い。フードトラックは小人数で料理を作り時間帯も限られるため、回転数は店舗のように上がらない。デリバリー専業は店舗を持たないため消費者への周知や集客のハードルは高い。外食は参入障壁が低く競争が激しい。新業態でも顧客を取り込む知恵比べが続きそうだ。

人件費や賃料 継続的に上昇

飲食店は、一般的に原材料と人件費で売上高の6割超を占め、賃料や地代と合わせれば8割近くがコストとなる。人手や立地の奪い合いは激しさを増し、コスト増は一時的な課題ではなく継続的に続く構造問題になっている。

リクルートジョブズによると、飲食系アルバイトの募集時賃金(三大都市圏)は7月の平均で1018円。3年前には953円だったが、昨年には千円の大台を超え、前年から2%超の伸び率を示している。賃料も同様だ。シンクロ・フードが運営する「飲食店ドットコム」によると、新宿駅周辺の平均坪単価は2019年で3万2千円前後。3年で4千円近く高くなった。

コスト増を吸収するため単価の引き上げに動くチェーンも増えているが、無理な値上げでは客足が遠のきかねない。省力化や効率化だけでなく、収益構造の異なる新しいビジネスモデルが欠かせなくなっている。

(江口良輔)

2019年8月30日付　日本経済新聞朝刊　17面(『企業3』面)

モノ消費からコト消費へ

市場

・横浜にオープンした新しいモスバーガーの店舗に行った。この新しい店舗では1つのフロアを2つの業態で共有している。モスの高級店「モスプレミアム」と喫茶専門店「マザーリーフティースタイル」である。今回はマザーリーフティースタイルの方に行ったが併設されているモスプレミアムも試してみたくなった。

情報

・1人で気兼ねなく食事をしたいというニーズに応えて、座席についたてを配置したり、電源を備えるなどして1人でも快適に過ごせる空間を提供するお店が増えている。

・1つの立地に2つの業態を出店するシェア型店舗が増えている。別々の場所に出店するより、従業員を繁閑に合わせて行き来させることで人件費を抑えられる。消費者には、一度に2種類のお店に行けるお得感がある。

知識

・消費が伸び悩む中、顧客の囲い込みに工夫が必要である。品ぞろえも目新しさや珍しさ、快適な滞在を提供できるか、その伝え方が課題になっている。

・これから国内の人口減少が進み、単身者比率も増加するといわれている。消費税増税の影響もあり外食・小売産業は競争が激しくなると考える。

起

世の中の動きを切り口に話題を始めていきます。「そういえば横浜のモスバーガーに行ったんですが、セットで1000円超えで驚きました」「喫茶専門店が併設されていてフードコートのような感じでした」「ファミレスに行ったら一人席があって電源も使えたので驚きました」と自分の気になった体験から始めてみましょう。

↓

承

いろんな組み合わせで顧客を楽しませ、飽きさせない試みが増えています。横浜のモス以外でも、パスタ店＋喫茶店、コンビニ＋ドラッグストア、ガソリンスタンドとコンビニ・喫茶店など既存のお店を組み合わせて効果を出そうとしています。「待ち時間についでに見てもらう、買ってもらうというアイデアが面白いですね」「○○と△△の組み合わせはどの程度の相乗効果があるんでしょうか?」など自分なりの意見や疑問をぶつけてみるのもいいかもしれません。

↓

転

「承」の例は消費が伸び悩んでいることへの企業の取り組みの一環と見ることもできます。良い商品でも単なるモノ売りでは厳しいため、目新しさや面白さが求められています。「そういえば色々な体験教室も増えてますよね」「そば打ち体験で自分が打ったそばを食べることができる」「自分だけのオーダーメイド化粧品づくり」「和を堪能できる古民家宿泊」のように食事＋調理、購入＋製作、宿泊＋文化体験など、体験・共感してもらう。いわゆる「モノ消費」から「コト消費」への流れに話を展開していきます。

↓

結

「転」を受け、意見を提案します。「消費者が、商品の製造過程を見られ、購入もできるような仕組みづくり。商品の材料がどのように作られているか示すことも重要なのでは?」などのように、意見を交わしていきましょう。

Chapter.3

04

「おとぎ話」をネタにした雑談テクニック

これまで3カテゴリーによる情報収集から分析、そしてそこから雑談を作る方法を解説してきました。しかし、「市場」や「情報」を用意するのが大変だ、と思う方もいるでしょう。そうした場合、有名なおとぎ話など、子供の頃の紙芝居などで印象に残っている話などを活用するのも手です。

雑談は、相手が知らない意外な話、あるいは共通の話題を提示することで、盛り上がります。有名なおとぎ話などは、たいていの方は知っているでしょう。そういう意味で、共通の話題になり得ます。この共通の話題を、現代の社会問題、トピック、科学技術に結びつけると、フックになる雑談ができます。

昔話に登場する魔法のような事象は、科学で実現していることもあります。

「十分に発達した科学技術は、魔法と見分けがつかない」

（例1）桃太郎

桃から生まれた桃太郎が、村人を困らせている鬼を退治するために、きびだんごでお供にしたイヌ・サル・キジと一緒に鬼ヶ島に向かい、鬼たちを退治して、鬼たちが持っていた宝物を持って帰ってくる昔話。

エッセンスの1つに、「様々な異なる種類のキャラクターが一緒になって活躍する」というものがある

これを現代の社会問題やトピックと関連して考えると

年齢や性別、国籍や人種・民族などを理由に「人を制限・差別しない」ことという意味合いの**ダイバーシティ（多様性）**といったキーワードに結びつく

（例2）白雪姫

ドイツの古い民話が元。女王にその美しさを妬まれた白雪姫は命を狙われます。7人の小人たちに守られていたが、1人きりのときに毒リンゴを食べさせられてしまいます。そこへ森に迷い込んだ他国の王子が白雪姫を見つけ恋に落ち、息を吹き返した白雪姫と結婚するというお話。

物語に登場するアイテムに、「魔法の鏡」がある

これを現代の科学技術と関連して考えると

AI（人工知能）が搭載された、壁掛けの端末などのようにイメージを膨らませることができる

これは英国のSF作家であり、科学解説者としても知られるアーサー・C・クラークが残した言葉です。最先端の科学技術によって作られたモノは、作り方や仕組みが分からなければ、魔法と区別ができないという意味になります。この言葉は、魔法でできることは、科学技術でもいつか実現可能であると捉えることができます。いろんな昔話から、現代と重ね合わせて考えてみると、なかなか面白いですし、「あ、これも雑談に使えるな！」と新たな発見があるでしょう。

こうした雑談に、うまく自社の取り組み、商品の特性などを重ね合わせてみてください。

Chapter 4

雑談のスキルアップ術

Chapter.4

01 初対面の人とスムーズに楽しく雑談するには？

挨拶や自己紹介の後、共通の話題や旬の話題でアイスブレークしていきます。その中で、相手との距離感をつかんでいきます。あなたの話題に相手が乗ってきてくれるようならいい兆候でしょう。

●相手との距離を縮めるには？

最初は、相手の会社のこと（オフィスの雰囲気など）、相手本人の様子や持ち物の話でもいいでしょう。最近の業界動向、話題のニュースなどを振ると気軽に雑談を始めやすくなります。その際に、相手の会社の創業○年記念や新商品の発表など、相手にとってうれしい話題があればより会話に花が咲きます。

また、相手が自分と似たタイプである場合にはその共通点を。もし、自分の見た目と中身にギャップ（痩せの大食いなど）があれば、それを話題にすると相手の興味を引きやすくなります。「この人とこんな共通点があったなんて」「この人にはこんな一面があったんだ」と思ってもらうことは相手の心を開かせることにつながります。

●相手のことに関心を持つことが大事

服装や持ち物を話題にする場合、例えば相手の時計がオシャレなものだったとき「珍しい時計をされてますね」とこちらから興味を示すことで、時計のことを話したい気持ちにさせることができます。「これは私のお気に入りで」などと相手に好きなモノを語らせることにより、自分と雑談することを楽しく感じてもらいやすくなります。ただ、「いいセンスですね」などというセリフが、なれなれしい印象を与える場合もあるので、表現は気を付けたほうがよいでしょう。

相手にとって思い入れのあるモノ、好きなモノの話をすることで、「この人は私と同じで◯◯に関心があるのかも？」「私と結構近い感性を持っていて、気が合うかも？」と親しみを持ってもらえます。クルマが好きな人とはクルマの話題で、旅行が好きな人とは旅行の話題をといったような感じです。そのためにも相手のことに関心を持つことが大切です。「自分はクルマに興味がないから……」「旅行なんて行かないし……」と相手の好きなモノに無関心なことが伝わってしまうと、雑談どころかまともなコミュニケーションにも不自由することでしょう。「好き」の反対は「嫌い」ではなく「無関心」なのです。

●ポジティブな言葉は会話を発展させる

なるべく自分の話は短めに。一方で、相手の話はしっかり受け止めて、「よく聞いていています」という姿勢が伝わることが大切です。人は好きな話をしている方が楽しいものです。相手の話をしっかり聞いて、それにしっかりと応えることが楽しい雑談につながります。

「すごいですね」「そうなんですか、実は私も」と肯定・協調の言葉は相手に良い印象を与えます。ポジティブな言葉は次の展開に入りやすく、「あまりよくなかった」「疲れただけでした」などのネガティブな言葉は会話が途切れるもとです。避けた方がいいでしょう。時にそういったネガティブな表現は、相手の心を傷付ける場合もあり注意が必要です。

自分にとって思い入れのある話題であっても、相手がまったく興味を持っていなければ自己満足にすぎません。相手が何か話したくなるような話題を探すことが雑談の始まりです。

Chapter.4

02

日常生活で雑談力を鍛える

こんな経験はありませんか？

朝、ゴミ出しに行ったときご近所さんと一緒になり、相手の「おはようございます」という挨拶に「おはようございます」と返して終わってしまう。

これはとてももったいないことです。ご近所の方というのは同じ地域に暮らしている、日々の生活で家族の次に身近な人なのです。この人たちとの会話を増やすことで、雑談のテクニックを磨くことができるのです。

●挨拶の後に一言足すだけ

「このところ暑さ（寒さ）が厳しいですね」「野菜や魚も高くなって大変ですね」とまずは日常生活に関わる雑談をしてみましょう。徐々に慣れてくるにつれて会話が苦ではなくなってきます。挨拶の後に、もう一言付け加えるだけで、雑談が始まるのです。

日常生活の話題だけだとバリエーションが少ないと思った場合は、自分の家族や趣味、地元のお祭りや名所旧跡などについて話題にしてみるとよいでしょう。例えば旅行や自分のコレクションなどの話題をきっかけにし、相手の好みや関心の有り無しを聞き出すことで、お互いの理解を深めることもできます。旅行ならば国内なのか海外なのか？　日帰りなのか泊まりがけなのか？　行き先はどうやって決めているのか？　など。自分がどんな場所に何をしに行ったのか、どのような交通手段でその途上でどんなことがあったのか、自分が見聞きしたこと、感じたことを伝え、相手がどう思うのかを聞くだけでも話が盛り上がります。

自分にとっては普通の経験・体験であっても知らない人からすれば面白いと感じるものがあります。特に自分が楽しく感じたことなら、その楽しさがあなたの言葉や態度に自然と表れますので、そのことは相手にも伝わっていきます。それがあなたのことを相手に理解してもらうことにもつながるのです。

日常生活の中で自分が体験したこと、感じたことを伝え、それについて相手の感想や意見を尋ねてみましょう。

このような何気ない会話の繰り返しが、お互いを「親しい間柄」に変化させていきます。相手との距離が縮まれば「ところで◯◯って知ってます?」と今までより一歩踏み込んだ会話に入りやすくしてくれます。これはビジネスの会話における商談への入り方とまったく同じ流れです。気軽にご近所の方と会話を続け、慣れてきたら話題を広げていく。たったこれだけのことで雑談力を鍛えていくことができるのです。

何気ない会話のヒント「た・の・し・く会話」

た（旅）：
旅行から帰ってきてお土産ついでの会話で盛り上がりやすい

し（仕事）：
内容ではなく、どこで仕事をしているのか、朝早いのか逆に遅いのかもきっかけになります

の（乗り物）：
車に限らず列車やアトラクションの乗り物でも体験を話しやすい

く（国・故郷）：
地元育ちか転勤が多いかなど各地の話題ができます。自分だけでなく家族の故郷も話題にしやすい

プライベートの話題なのであまり深く詳しい話はしない方がいいでしょう。特に「く（国・故郷）」は不適切な使用をしないよう注意が必要です。会話の練習として軽く話すようにしましょう。

Chapter.4

03

「相手が主役」で会話をキャッチボールすることを意識する

知らない人が相手でも、立場や年齢が違う人が相手でも、すぐに会話を盛り上げることができる人がいます。その一方で何回も会っているのに、なかなか会話を続けることができずに、どうすればコミュニケーションを深めることができるのか？と頭を悩ませる人もいます。その理由を見てみましょう。

●苦手意識は思い込みから!?

雑談に苦手意識を持っている人が、その理由としてよく挙げるのは「うまく話せないから」「何を話せばいいか分からないから」「面白い話をしなければならないから」といったものです。そんな思い込みが根本にあり、「こんな話し方をしたら相手にバカにされる」「こんなネタを話したとしても相手にがっかりされる」という恥をかきたくない気持ちが働いています。

そんな気持ちで会話をすればそれはやはりうまく話せないでしょう。そしていったん言葉に詰まればさらに話せなくなってパニックになり、これで相手に変に思われてしまったと諦めてしまう。その繰り返しが雑談への苦手意識になっているのです。

もしつまらない話をしてしまったり、言葉に詰まってうまく話せなかったりしたとしても、それだけで取り返しのつかない失敗にはなりません。自分が思っているほど、相手はそのことを気にしてはいません。むしろ印象が弱くて「そんなこともあったかな?」くらいのものです。

自分が主役である必要はない

必要以上におびえる必要はありません。まずは素直に「○○はお好きですか?」と質問しながら雑談のキッカケを見つけてはいかがでしょうか。

ポイントは、会話の主役は相手になってもらうことです。自分が主役になる必要はありません。自分はセリフは少なく目立たない脇役だと考えてみてください。ほら少し緊張がほぐれませんか?

そして、相手の目線に注目し、話の内容に耳を傾け、相手の言葉を確認したり質問したりすることに集中すればよいのです。聞き役になることで、無理にネタを持ち出す必要がなくなります。相手の話をしっかりと聞き、それに対応することで、相手も気持ちよく話すことができます。

気持ちよく会話を続けるために、聞き役は進行のサポートをし、心からの相づちとしっかりと聞いていますという態度を示すことが大事です。いいかげんに会話していると相手にすぐ見抜かれてしまいます。何気ないあなたのしぐさや言動には注意が必要です。

●相手がピッチャー、自分がキャッチャー

会話はキャッチボールです。どちらかが投げかけた言葉にもう一方が投げ返すことの繰り返しです。自分からは相手が受け止めやすいボールを投げ、相手からは全力で投げてもらう、そんなやり取りが理想的です。

雑談は相手とのコミュニケーションを深めるためのものです。うまく話せなかったとしても、相手のことをもっと知ろうと一生懸命に話していけば、その態度その

ものが相手に自分のことを伝えることになります。また、それは相手への尊重です。あなたの誠意を相手が感じ取っているのであればそれで雑談はＯＫなのです。うまく話すというのは、単なる自己満足にすぎません。

Chapter.4

04

クローズド・クエスチョンとオープン・クエスチョンを使いこなそう

会話の中で「雑談」をつなげていくためのテクニックを紹介します。「クローズド・クエスチョン」と「オープン・クエスチョン」と呼ばれるもので、これらはシンプルに相手のことを確認したい場合と、より詳しい状況を確認したい場合にそれぞれ使用します。

●クローズド・クエスチョンとは?

「クローズド・クエスチョン」は、「はい」か「いいえ」で答えられる質問のことです。手短に初対面の人との会話の糸口を作りたいときに使います。お互いの気持ちが打ち解けていないタイミングで、会話のきっかけを見つけたいときに使いましょう。

例えば「今日もいいお天気ですね」「週末は（連休は）お休みですか？」のように「はい」「いいえ」で答えられる質問で、相手は気軽に応じられます。

ただ、「○○はお好きですか？」と興味の有り無しをストレートにするような問いかけは、多く用い過ぎると、相手は質問攻めで追い詰められているように感じることがあります。下手をすると、感じの悪い人という印象を与えてしまう恐れがありますので注意しましょう。

●オープン・クエスチョンとは？

「オープン・クエスチョン」は、相手に何らかの答えを促す（求める）質問のことです。挨拶の後にちょっとした話題を付け加えて、相手の考えや意見を聞く質問をしてみましょう。例えば、「この猛暑（厳冬）はいつまで続くんでしょうね？」「先週末に○○に旅行に行ったのですが、（あなたは）最近どちらに行かれましたか？」のように「はい」「いいえ」で答えられない質問をすることで、具体的内容（情報）を相手から聞き出すことができます。相手の答えにさらに自分の意見と質問を重ねていくことで情報収集をしながら会話が続けられるようになります。

人見知りで会話が苦手だと感じている人は、「クローズド・クエスチョン」と「オープン・クエスチョン」をうまく組み合わせて会話することです。

●5W1Hで質問を作る

「オープン・クエスチョン」を簡単にするためのコツは「5W1H」を質問に組み込むことです。「いつ・どこで・誰が・何を・どうして・どのように」を相手に質問していけば、それが「オープン・クエスチョン」になります。

例えばテニスについて質問する場合、
「いつから（テニスを）されているのですか？」（When）
「どこでされているのですか？」（Where）
「誰と（どんな人たちと）されているのですか？」（Who）
「なぜテニスを始められたのですか？」（Why）
「ラケットは（シューズは・ウエアは）どこのメーカーのものをお使いですか？」（What）

視野を広げて、核心に迫るための「5W1H」

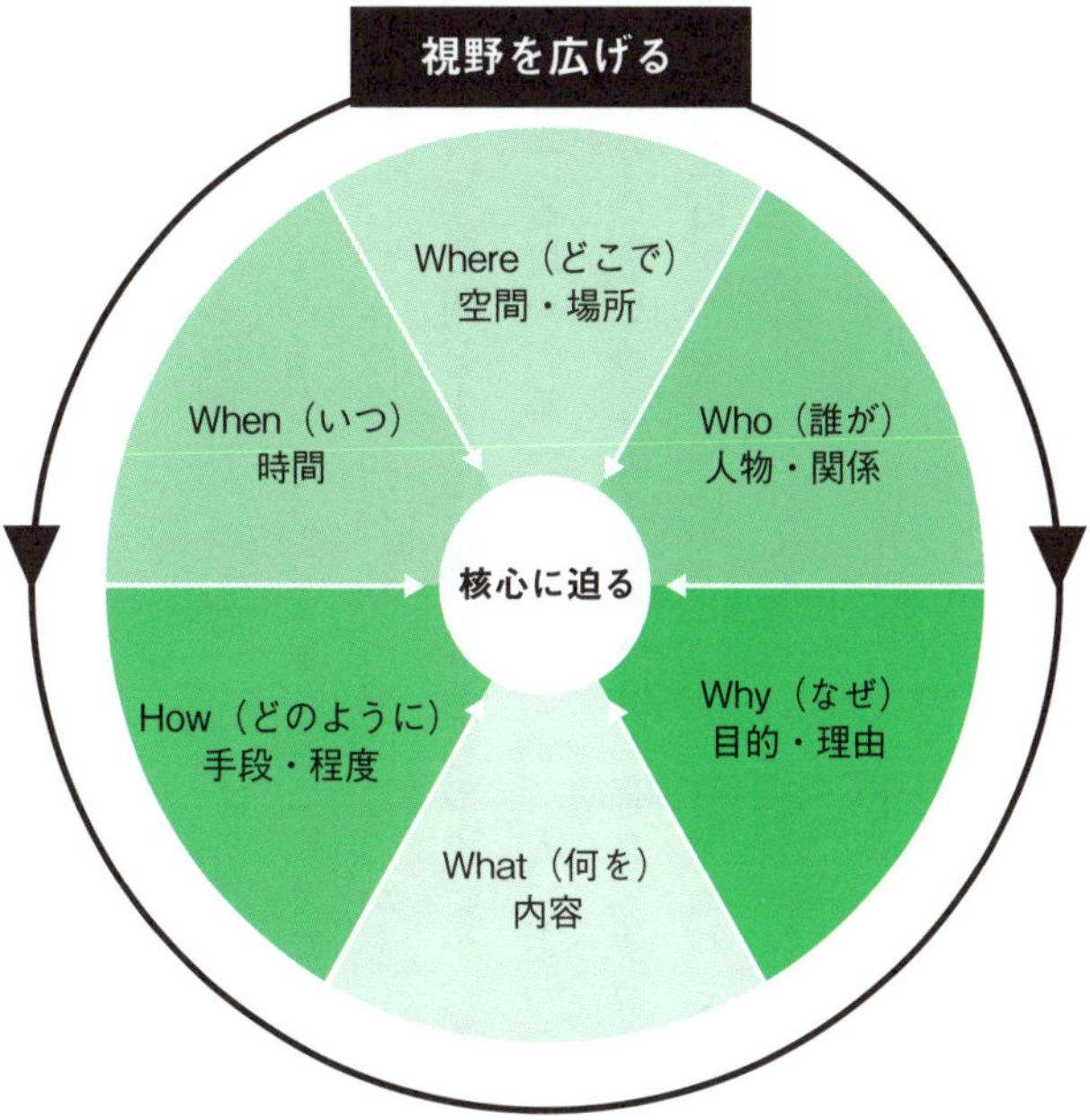

「テニスコートにはどうやって来ましたか？」（Ｈｏｗ）
のような感じです。

まずは自分がしている質問は「クローズド」が多いのか、それとも「オープン」が多いのかを意識してみましょう。会話が続きにくい人は「クローズド」な質問ばかりして相手が話しづらい雰囲気になっているのかもしれません。自分が何を聞きたいのか、どういう質問をすれば相手は話しやすいか、それを知ることが会話を広げたり深めたりするための第一歩になります。人によっては「オープン」で質問された方が話しやすいということもあります。逆に「クローズド」で何を知りたいのかを明確に示した方が答えやすい、という場合もあります。うまく使いこなせば会話に新しい展開が生まれることがあります。そこからお互いの理解が深まれば雑談の質が一段階上がります。

クローズド・クエスチョンと オープン・クエスチョンの比較

	メリット	デメリット
クローズド・クエスチョン	●相手からの答えが素早い ●事実を明確にすることができる ●コミットメントを得られる ●話題をコントロールできる	●相手は質問され続けると追い詰められた気持ちになる ●相手との距離をより近づけることはできない ●「はい」か「いいえ」の回答だけだと会話としては続かない
オープン・クエスチョン	●多くの情報が取れる ●会話を広く展開できる ●相手に自由に話をしてもらえる ●5W1Hで質問できる	●打ち解けてない人に対しては向いていない ●答えが自由な分答えにくい ●沈黙が続く可能性も視野に入れる

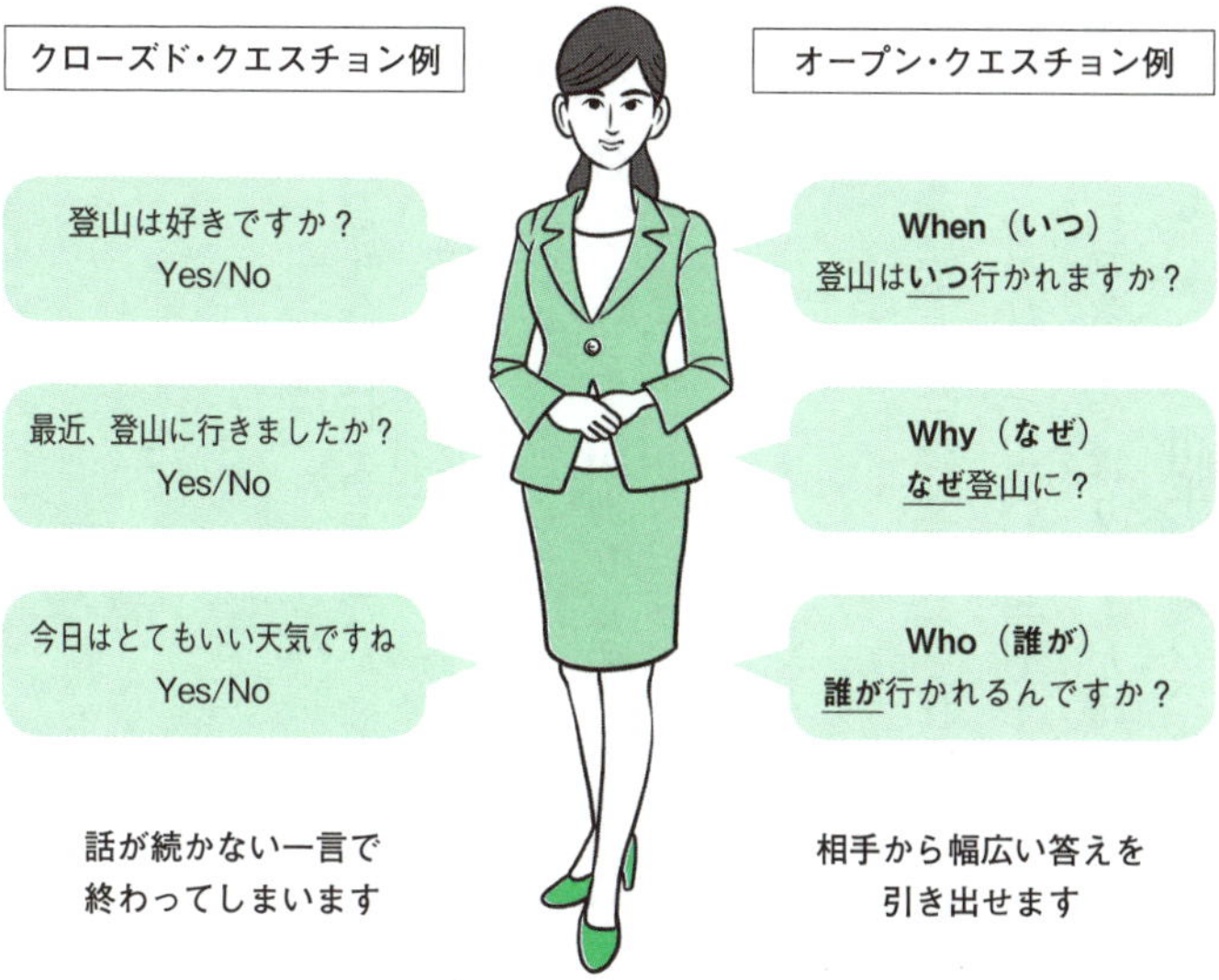
クローズド・クエスチョン例
登山は好きですか？ Yes/No
最近、登山に行きましたか？ Yes/No
今日はとてもいい天気ですね Yes/No
話が続かない一言で終わってしまいます
オープン・クエスチョン例
When（いつ） 登山はいつ行かれますか？
Why（なぜ） なぜ登山に？
Who（誰が） 誰が行かれるんですか？
相手から幅広い答えを引き出せます

Chapter.4

05

相手と意見が合わないときにはどうすれば？

会話では、言葉足らずや表現が不適切で意図を正しく伝えられないこともあります。それにより、自分の意図とは違うふうに受け止められることもあり、慎重に状況を見極める必要があります。

また、会話をしていくとどうしても意見が合わないことがあります。そうした場合はどうすればよいのでしょうか。

●ネガティブ表現はNG

特に注意しないといけないのはネガティブな言葉・表現です。「それは間違っていますよね」「その意見には（私は）反対です」「それって古い情報ですよね」といったふうに、たとえ悪気がなくても意見を否定されるとやはり誰もが嫌な気分になります。仮に相手の意見が間違っていたとしても、それに相手が気づいたとしても、否定されることは嫌でつらいものです。116ページでも述べたように、ネガティブな言葉は相手を傷付け、会話の流れを止めてしまいます。

人それぞれ考え方は様々ですので、意見が合わないこともあるでしょう。それを真っ向からぶつけ合えば対立するだけです。理解を深めるための雑談で対立してしまっては何のために会話をしているのか分からなくなってしまいます。

●最初から相手を否定しない

重要なのは決して「最初から（相手を）否定しない」「（相手の言葉に対して）否定から話を始めない」ことです。自分には興味ないことや嫌いなことだったとしてもです。また仮に、自分の方が正しい情報を持っていたとしても、ただ否定するのではなく「そういう考えもある」と認めることから始めます。

ただ、そのまま相手の意見を認めて、そう相手に見せ続ければよいのかといえばそれもよくはありません。自分の意見を隠したままで会話を続けていると、いずれ内心と表面のギャップから会話が破綻してしまうでしょう。

重要なのは、相手の意見を尊重しつつ、こういう考え方もあるのではないですか？と自分の意見を伝えることです。「そういう考え方もあるのですね。私は○○○だとばかり思っていました」「そんな視点がありましたか。すごいですね。○○○という意見は聞いたことがあったのですが……」と相手を否定しない気持ちを持つこと。そして、自分の意見だけが正しいと思わずに、伝えるように心がけてください。お互いの意見や考え方を大切にして会話を進めていけば誤解や食い違いも減り、信頼感も増していくでしょう。

相手に気持ちよく話してもらいながら、こちらの意見や考えもさりげなく伝え、信頼関係を築き上げていく。そうすれば、相手から誤解されることも少なく、親しみを感じてもらいやすくなります。異なる価値観を尊重できる人は相手からも耳を傾けてもらえるものなのです。

●共感する部分は大きくアピール

自分と相手の意見が違う場合には静かに穏やかに会話をして、意見が一致した場合には力強くはっきりと「やはりそうですよね！」と共感していることを強調します。違いがあったとしてもささいなもので、大筋では2人は同じ方向を向いていることを強くアピールすれば、対立関係ではなく協調関係を意識してもらうことでコミュニケーションを続けやすくできます。

Chapter.4

06

相づちやボディーランゲージを活用して好感度アップ

「褒める」ことは難しいが……

よく「会話で相手を褒めて、気に入ってもらえ」といわれます。ただ、会話の流れの中で、自然に褒めて、相手に受け入れてもらうのは難しいものです。そこで、いきなり「褒める」のではなく、「観察する」ことを意識してみてください。相手をよく観察して良いところを話題にすることが、自然に相手を褒めることにつながるのです。


「貴社のウェブページがリニューアルされたのですね？　また一段とオシャレな感じですよね」

「いつお伺いしても貴社のオフィスは明るい雰囲気ですよね」

「新製品（サービス）を発表されましたよね。どういったものなんですか？」

といったように相手のことを知ろうとしたり、調べて分かったことを伝えたりすることで、自分が相手に対して強い関心を持っていることをアピールするのです。もちろん悪いところを伝えては逆効果です。良いところを挙げることで「褒める」わけです。

ただ「褒める」だけでなく相手のことを「もっと知りたい」という意思を明確にすることが好感度を上げることにつながります。好意は相手への興味から始まり、自分にいい意味で興味を持ってくれている人には好意的にならざる得ないのです。お互いに好意を持ち合うことができれば、ビジネスにも良い影響が出ないわけがありません。

●会話の「さ・し・す・せ・そ」

相手に関心があることを示すために、相づちやうなずき、姿勢、目線などのボディーランゲージがとても効果的です。自分は相手の話を「しっかり聞いていますよ」または「(相手の考えに)共感していますよ」ということを分かってもらうことで、興味・関心を持っているんだという意思を伝えることができるのです。

相づちを打つのも「はい、はい、はい」と同じ言葉を繰り返す人がいますよね。これは言われた方からすると気持ちの良いものではありません。「なるほど、なるほど」「いや、いや、いや、いや」とつい強調したくて繰り返してしまうのかもしれませんが、繰り返しが多ければ多いほど言葉が軽く感じられてしまい、本気の度合いが低く受け取られてしまいます。さらにリアクションが大袈裟なのもおすすめできません。相づちの繰り返しと同じく強調したいのでしょうが、やり過ぎは逆効果です。

相づちの基本に「さ・し・す・せ・そ」があります。調味料に「さ・し・す・せ・そ」（砂糖・塩・お酢・しょうゆ・味噌）がありますが、会話の相づちにもそれがあります。「さ」は「さすがですね」、「し」は「知りませんでした」、「す」が「すてきですよね」、「せ」は「センスがいいですね」、「そ」は「そうですね」になります。相手の言葉に対して黙って聞いているだけでなく、うなずきながら「さ・し・す・せ・そ」を添えて相手が会話を続けやすい雰囲気をつくり出しましょう。

●ボディーランゲージを活用する

ボディーランゲージにはいくつか種類がありますが、一番分かりやすいのは近づいたり身を乗り出したりすることです。これは興味を感じた人が取る行動です。相手の言葉に注目したいときにやってみるといいでしょう。一方で悪いのは身体を反らして距離を取ったり、腕や脚を組んだり、頭や鼻の頭をかいたり、首をほぐすポーズといったしぐさです。興味がない、面白くない、話をやめてほしいというような意味に取られます。こういったしぐさを無意識のうちにしてしまっていないか、癖になったりしていないか注意しましょう。もし相手がこういった態度をとっていたなら、自分の話が相手の心をつかめていないことでもありますので反省して見直す必要があります。

Chapter 5

すぐに使える雑談ネタ帳

名刺交換で役立つ!

季節の雑談ネタ

四季の話題は、定番中の定番。うんちく話を四季ごとにピックアップ。

その季節ならではの話題を、経済やビジネスとの関連性・影響と絡めて、展開させてみましょう。

四季おりおりの話題あれこれ

春

- お花見団子とも呼ばれる三色団子は、豊臣秀吉が考案したといわれる。一般的には、下から緑、真ん中に白、一番上にピンクの３色。緑は雪の下の新芽、白は雪、ピンクは春や花に見立てているなど、配列や色の意味は諸説ある。
- 3月27日は「さくらの日」。「3(さ)×9(く)＝27」という語呂合わせから「日本さくらの会」が制定。
- ぼたもち(牡丹餅)とおはぎ(お萩)は同じもの。春のお彼岸(３月)には牡丹の花にちなんで、ぼたもち。秋のお彼岸(9月)には、萩の花にちなんでおはぎという。ぼたもちはこし餡、おはぎはつぶ餡を用いたものとするなど、菓子店や地域によって違いを出していることもある。
- タンポポの花は多数の花びらで構成されているが、花びら1枚ごとに雄しべと雌しべがついている。なお、一つの花に雄しべと雌しべが形成される花を両性花という。

季節と経済の関係　かんたんイメージ

- お花見→名所への移動、旅行が増える→普段よりぜいたくな食事が増える→売上増
- 進学・就職→転居や家具・衣服の新調が増える→売上増
- お花見→人出が増える→混雑でお店のサービス低下、ゴミ増加→対応の負担増
- 進学・就職→引越が増える→転出（転入）が増える→地域の消費増（減）

※意味・由来には諸説あるものもあります。

夏

- 梅雨は、黴雨とも書く。「黴」はカビのこと。
- うどん、ひやむぎ、そうめんの違いは、太さの違い。これらは、麺の太さの違いによって分類されている。うどんは1.7ミリ以上、ひやむぎは1.3ミリ以上1.7ミリ未満、そうめんは1.3ミリ未満。ちなみに、きしめんは厚さ2.0ミリ未満、幅4.5ミリ以上。
- うなぎ店などのタレは継ぎ足して使われていることが多いが、60〜70度ほどの温度で殺菌（低温殺菌）されることで、菌の繁殖を防いでいるため腐らない。
- 高校野球の「阪神甲子園球場」は、1924年に完成。24年が甲子（きのえね）の年であったことから、甲子園と名付けられた。十干・十二支のそれぞれ１番目の「甲（きのえ）」と「子（ね）」がそろうのは縁起が良く、60年ぶりだった。
- 俗に「アイスクリーム」と呼ぶものは、成分量によって、「アイスクリーム」「アイスミルク」「ラクトアイス」「氷菓」の4つに分けられる。

季節と経済の関係　かんたんイメージ

・猛暑→暑さ対策→飲料や涼感グッズが売れる→売上上昇
　　→避暑→涼しい地域や屋内レジャー施設へ行く人が増える→売上上昇
・冷夏→野菜の収穫が減る→価格上昇→外食メニューの値段が上がる

秋

●秋の味覚の松茸をありがたがって食べているのは、日本人くらいである。

●イチョウの木には雄・雌があり、実である銀杏がなるのは雌の木である。

●北西太平洋または南シナ海の領域で発生する台風には、全部で140の名前が用意されている。中国やマレーシア、北朝鮮など14の国と地域で組織する台風委員会が提案したその名前を、順繰りに使用する。日本語でも14の名前が登録されている。日本語のものは、「コグマ」や「カンムリ」など星座から取られている。

●コオロギの音色を鳴き声と言うが、口から出ているわけではない。羽をこすり合わせて音を出している（オスによる求愛行動）。

●仲秋の名月は旧暦8月15日の月を指す。旧暦では7・8・9月を秋とし二番目（仲）の秋で8月が仲秋である。明治時代に、月の動きから作られた旧暦（太陰暦）から太陽の動きをもとにした新暦（太陽暦）に変わったため、月の満ち欠けが暦と異なり、名月の日付も毎年違う日となった。

季節と経済の関係　かんたんイメージ

・紅葉→名所への移動、旅行が増える→普段よりぜいたくな食事が増える→売上増

・紅葉→人出が増える→混雑でお店のサービス低下、ゴミ増加→対応の負担増

・ハロウィーン→街で大騒ぎする人が増える→治安の悪化→地域商店などへ悪影響

冬

- こたつは電源を入れると、ヒーターが赤色に発光するものが多いが、赤くすることで発熱効果を高めているわけではない。「暖かい」というイメージに結びつけた演出といわれる。
- おせち料理の品目の一つ「栗きんとん」には、金運をもたらすという意味がある。 きんとんは「金団」と書き、金色の団子などの意味で財宝をイメージしている。
- 雪は熱を伝えにくい性質(熱伝導率が低い)があることから、雪で作るかまくら内部が暖まりやすい。風の影響を受けないこともあり、体感温度は外よりも高く感じる。
- 鍋料理に欠かせないポン酢。語源は、オランダのかんきつ類の果汁を意味する「pons(ポンス)」から来ているといわれている。そのオランダ語も、ヒンディー語の「panc」(5つの意)に由来し「5つのものをミックスしたもの」「(5つの)かんきつ類の果汁(をミックスしたもの)」「(果汁を混ぜた)食前酒」などの使われ方もする。

季節と経済の関係　かんたんイメージ

・クリスマス→家族・恋人・友人で旅行、外食、宿泊需要が高まる→売上増
・箱根駅伝→ジョギング人口が増える→シューズやウエアが売れる
・成人の日→晴れ着需要が高まる→衣料品、レンタル増
・厳冬→積雪や着氷で移動が困難→外出を控える→出前注文が増える

名刺交換で役立つ！

名字ランキング&うんちく

名前（名字）も鉄板です。珍名だけでなく、メジャーなものも、話のネタにできます

出所：明治安田生命：全国同姓調査。明治安田生命の個人保険・個人年金保険の契約者（2018年5月時点）を対象にした調査。調査数は、約655・8万人で、18年7月実施。

日本名字トップ10

順位	姓	占有率
1位	佐藤	1.53%
2位	鈴木	1.44%
3位	高橋	1.14%
4位	田中	1.06%
5位	渡辺	0.94%
6位	伊藤	0.90%
7位	中村	0.85%
8位	小林	0.83%
9位	山本	0.82%
10位	加藤	0.71%

全国最多は佐藤。約10万人で、占有率は1.53%。2位鈴木、3位高橋と、まさに定番中の定番が続いている。このトップ10だけで、占有率は約10%。つまり、日本人の10人に1人が、トップ10に登場する名字ということです。

こぼれ話

名字の成り立ち

大きく分けて次のパターンがあります。①地形由来（池田、森川、林など）、②地名由来（中村、高橋、千葉など）、③方位や位置関係に由来（北原、東出、西村）、④職業（服部、犬飼など）、⑤藤原氏に由来するもの（安藤、伊藤など）です。これ以外にもルーツは多岐にわたります。様々な研究がなされており、研究者などにより説が異なる場合もあります。

東日本の姓トップ10

※北海道・東北(北海道、青森、岩手、宮城、秋田、山形、福島)、関東(茨城、栃木、群馬、埼玉、千葉、東京、神奈川)、中部(新潟、富山、石川、福井、山梨、長野、岐阜、静岡、愛知)を集計

東日本

順位	姓	地域内占率
1位	鈴木	2.00%
2位	佐藤	1.98%
3位	高橋	1.44%
4位	渡辺	1.15%
5位	伊藤	1.06%
6位	小林	1.01%
7位	田中	0.92%
8位	加藤	0.89%
9位	中村	0.81%
10位	吉田	0.70%

東日本トップは「鈴木」。この鈴木という名字は、関東、静岡、愛知などに多いそうです。2位の「佐藤」は、北に多い名字とのことです。ちなみに、北海道は東北からの入植者の子孫が多いため、東北と名字の分布・割合が近い傾向にあります。

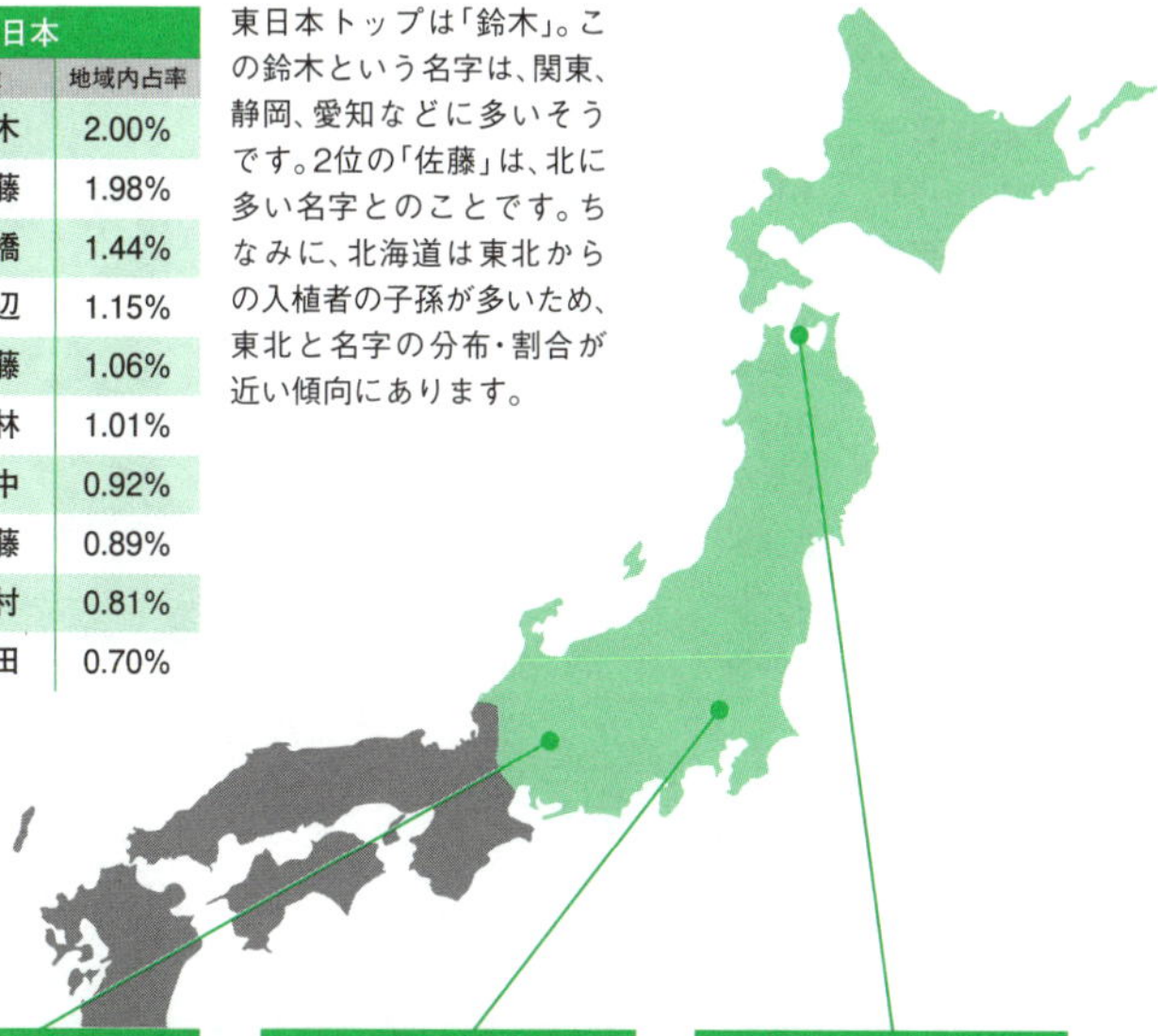

中部地方

順位	姓	地域内占率
1位	鈴木	1.98%
2位	伊藤	1.34%
3位	加藤	1.25%
4位	渡辺	1.24%
5位	佐藤	1.15%

関東地方

順位	姓	地域内占率
1位	鈴木	1.95%
2位	佐藤	1.62%
3位	高橋	1.41%
4位	渡辺	1.07%
5位	小林	1.06%

北海道・東北地方

順位	姓	地域内占率
1位	佐藤	4.75%
2位	高橋	2.55%
3位	鈴木	2.25%
4位	佐々木	2.00%
5位	伊藤	1.43%

こぼれ話

「藤原氏」由来の姓

「藤」を含む姓は、藤原氏由来とする説があります。平安時代に藤原一族は勢力を強め、様々な要職に就きます。区別のために、例えば「斎宮頭」を務める藤原氏を「斎藤」と呼ぶようになったそうです。

西日本の姓トップ10

※近畿（三重、滋賀、京都、大阪、兵庫、奈良、和歌山）、中国・四国（鳥取、島根、岡山、広島、山口、徳島、香川、愛媛、高知）、九州・沖縄（福岡、佐賀、長崎、熊本、大分、宮崎、鹿児島、沖縄）を集計

西日本		
順位	姓	地域内占率
1位	田中	1.32%
2位	山本	1.12%
3位	中村	0.94%
4位	井上	0.69%
5位	松本	0.64%
6位	佐藤	0.64%
7位	吉田	0.62%
8位	伊藤	0.59%
9位	山田	0.57%
10位	山口	0.55%

西日本トップは、全国順位では4位だった「田中」。近畿地方に特に多い。田中姓の歴史は古く、『古事記』や『日本書記』にも登場するという。２位の「山本」は、中国・四国地方に多い。１位の田中と同様、地形由来の名字です。

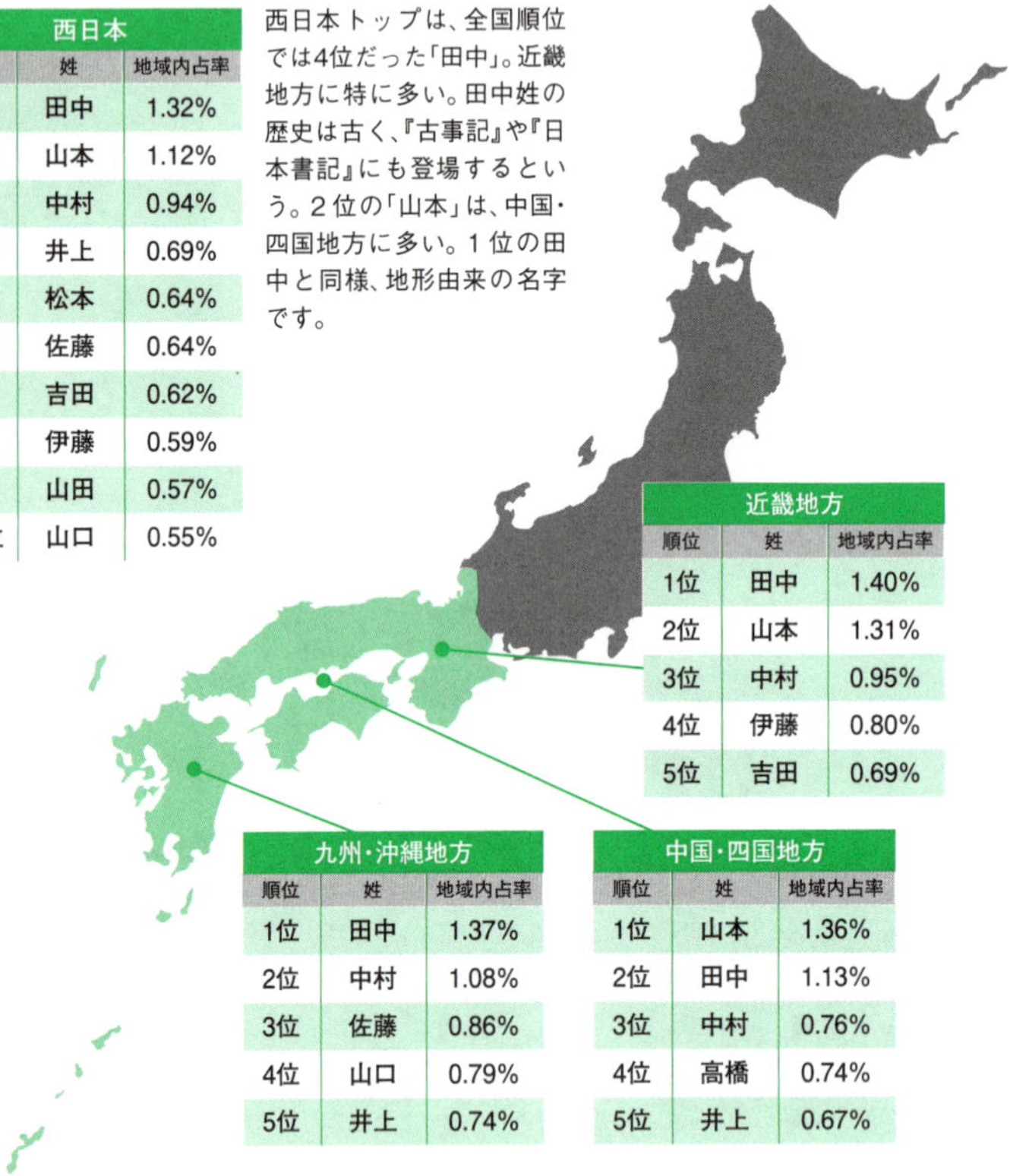

近畿地方		
順位	姓	地域内占率
1位	田中	1.40%
2位	山本	1.31%
3位	中村	0.95%
4位	伊藤	0.80%
5位	吉田	0.69%

九州・沖縄地方		
順位	姓	地域内占率
1位	田中	1.37%
2位	中村	1.08%
3位	佐藤	0.86%
4位	山口	0.79%
5位	井上	0.74%

中国・四国地方		
順位	姓	地域内占率
1位	山本	1.36%
2位	田中	1.13%
3位	中村	0.76%
4位	高橋	0.74%
5位	井上	0.67%

こぼれ話

サイトウの「サイ」やワタナベさんの「ナベ」

「サイトウ」さんの「サイ」の字は、シンプルのものから、画数の多いものまで、約85種類あるそうです。「ワタナベ」さんの「ナベ」は約30種類。これは、本家と分家の区別のために生まれた、というのが有力な説です。

ピックアップ紹介

宮崎県

順位	姓	都道府県内占率
1位	黒木	2.03%
2位	日高	1.44%
3位	甲斐	1.42%
4位	河野	1.10%
5位	長友	1.07%

1位の黒木は全国では363位。日高は381位、甲斐は345位と、メジャーな名字が上位に来ていない。

静岡県

順位	姓	都道府県内占率
1位	鈴木	4.80%
2位	渡辺	1.68%
3位	望月	1.56%
4位	杉山	1.31%
5位	山本	1.28%

1位、2位はメジャーな名字ですが、3位、4位はややマイナー。3位の望月は、静岡県と山梨県に集中している。

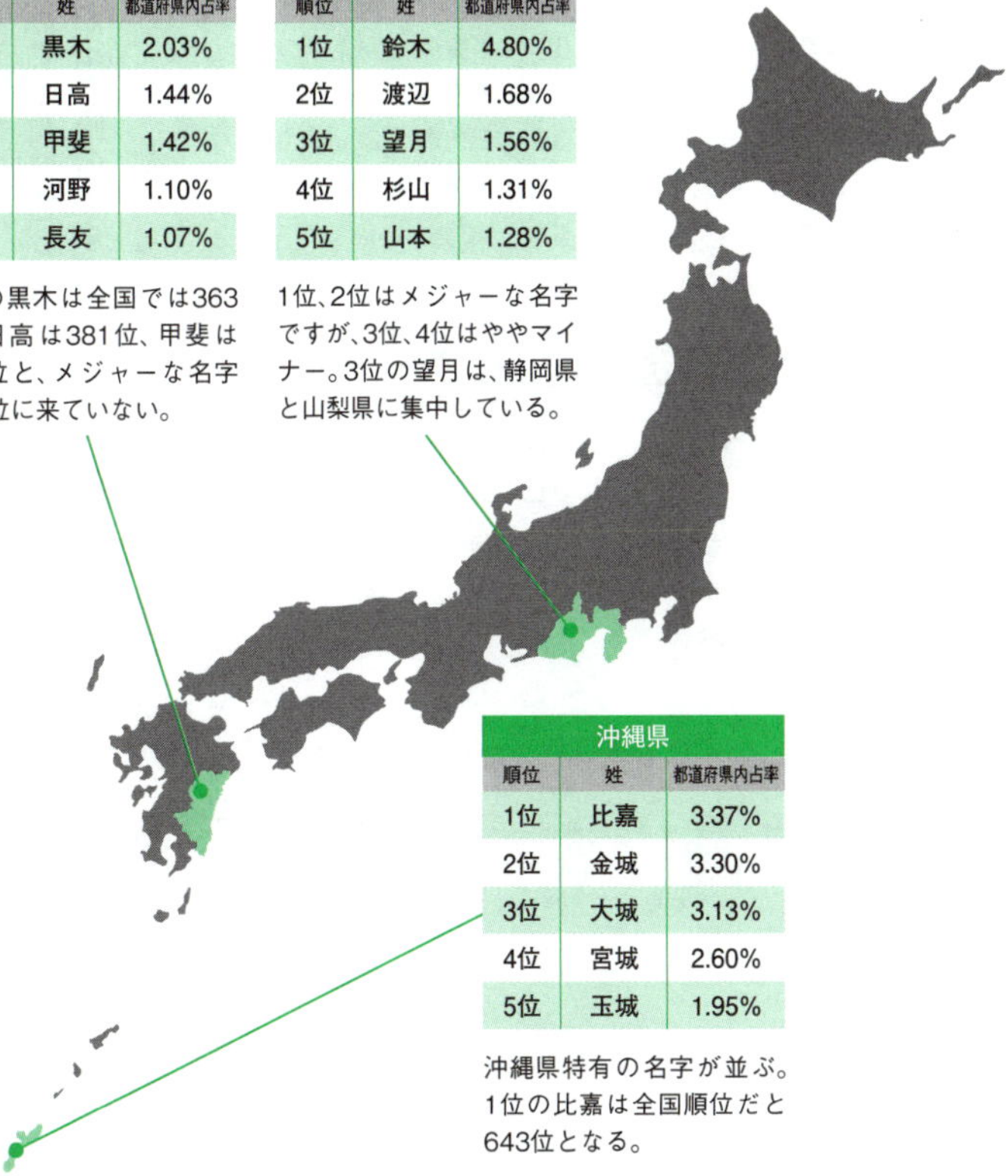

沖縄県

順位	姓	都道府県内占率
1位	比嘉	3.37%
2位	金城	3.30%
3位	大城	3.13%
4位	宮城	2.60%
5位	玉城	1.95%

沖縄県特有の名字が並ぶ。1位の比嘉は全国順位だと643位となる。

こぼれ話

名字のネタをもっと知りたい場合は

「名字由来net(https://myoji-yurai.net/)」では、「珍しいレア名字」や「世界の名字」など、名字に関する様々なランキングやコンテンツが公開されています。名字に関するネタの宝庫です。

名刺交換で役立つ！

都道府県・市の消費ランキング

地域ごとに特色がある「消費動向」のランキングです。地域の話題が出た際の小ネタに。

出所：総務省：家計調査（二人以上の世帯） 品目別都道府県庁所在市及び政令指定都市（※）ランキング（２０１６年（平成28年）～２０１８年（平成30年）平均）
※ 都道府県庁所在市以外の政令指定都市（川崎市，相模原市，浜松市，堺市及び北九州市）

生活費　消費金額トップ5

電気代		〈金額・円〉
	全国	124,703
1位	福井市	162,334
2位	富山市	159,371
3位	金沢市	154,814
4位	徳島市	147,417
5位	福島市	146,377

灯油代		〈金額・円〉
	全国	14,364
1位	青森市	74,540
2位	札幌市	72,311
3位	秋田市	51,063
4位	盛岡市	47,086
5位	山形市	42,332

映画・演劇等入場料		〈金額・円〉
	全国	6,462
1位	東京都区部	11,692
2位	堺市	10,251
3位	さいたま市	9,541
4位	川崎市	9,399
5位	福岡市	9,388

タクシー代		〈金額・円〉
	全国	4,734
1位	東京都区部	11,168
2位	長崎市	10,890
3位	福岡市	10,836
4位	横浜市	9,962
5位	札幌市	9,214

地域特性から、上位の都道府県・市が全国平均の何倍にもなるケースがあります。なお、ここでは、上位5都道府県・政令指定都市を掲載しています。総務省統計局のウェブサイト(http://www.stat.go.jp/index.html)で、6位以降、またこれ以外の様々なランキングを見ることができます。

こぼれ話

佐賀県人は倹約家!?

ソニー生命保険の実施した「47 都道府県別 生活意識調査」(2018 年11月)のマネータイプランキングによると、「自分は倹約家だと思う」のは、1 位「佐賀県」(62.0%)、2 位「新潟県」「愛知県」「大阪府」(同率60.0%)となりました。俗に「営業がしづらい」といわれる地域が並んでいます。一方で、「自分は浪費家だと思う」では、1 位は「島根県」(44.0%)でした。

外食・食料品　消費金額トップ5

ハンバーガー		〈金額・円〉
	全国	3,810
1位	那覇市	5,648
2位	名古屋市	5,211
3位	川崎市	5,006
4位	松山市	4,906
5位	高松市	4,779

焼肉		〈金額・円〉
	全国	7,033
1位	高知市	13,132
2位	大分市	13,003
3位	福井市	12,533
4位	金沢市	11,589
5位	名古屋市	10,415

すし（外食）		〈金額・円〉
	全国	14,874
1位	金沢市	22,545
2位	岐阜市	21,083
3位	福井市	20,919
4位	宇都宮市	19,960
5位	静岡市	19,677

日本そば・うどん		〈金額・円〉
	全国	6,046
1位	高松市	13,152
2位	福井市	10,129
3位	静岡市	9,324
4位	岐阜市	8,856
5位	山形市	8,709

中華そば		〈金額・円〉
	全国	6,231
1位	山形市	16,391
2位	新潟市	11,805
3位	宇都宮市	11,188
4位	福島市	10,923
5位	盛岡市	10,616

ぎょうざ		〈金額・円〉
	全国	2,147
1位	宇都宮市	4,050
2位	浜松市	3,967
3位	京都市	2,967
4位	宮崎市	2,952
5位	堺市	2,585

チョコレート		〈金額・円〉
	全国	6,285
1位	金沢市	7,730
2位	札幌市	7,696
3位	名古屋市	7,541
4位	富山市	7,510
5位	高知市	7,497

ソース		〈金額・円〉
	全国	741
1位	広島市	1,199
2位	岡山市	1,069
3位	徳島市	949
4位	神戸市	936
5位	京都市	926

パン		〈金額・円〉
	全国	30,268
1位	神戸市	37,951
2位	京都市	37,553
3位	大阪市	36,853
4位	堺市	36,736
5位	大津市	35,931

こぼれ話

貯金額が多い県は？

「47 都道府県別 生活意識調査」の「貯蓄額ランキング」では、1位は東京都（639.1 万円）、2位三重県（533.4 万円）、3位大阪府（532.7 万円）、さらに愛知、和歌山と続きます。大都市やその周辺の県で、平均額が高い傾向があるようです。

名刺交換で役立つ！

都道府県の生活意識ランキング

ソニー生命保険が実施した、47都道府県民の生活意識や行動の特徴を調査したアンケートです。各都道府県の「県民性」が見えてきます。

出所：ソニー生命保険：47都道府県別 生活意識調査2018（生活・家族編）
※調査対象：ネットエイジアリサーチのモニター会員を母集団とする全国の20～59歳の男女。調査期間：2017年11月7～11月15日。有効回答数：4700サンプル（有効回答から各都道府県100名になるように抽出）。百分率表示は小数点第2位で四捨五入の丸め計算を行っている。

都道府県のイメージランキング

（単位：%）

「総合的に最も魅力的」だと思う		
1位	北海道	21.7
2位	東京都	17.1
3位	京都府	10.3
4位	沖縄県	6.6
5位	神奈川県	4.2

方言や話し方に憧れる		
1位	京都府	26.0
2位	大阪府	7.1
2位	福岡県	7.1
4位	東京都	5.4
5位	北海道	2.4
5位	青森県	2.4

宴会好きな男性が多いと思う		
1位	沖縄県	14.1
2位	大阪府	13.5
3位	東京都	6.9
4位	高知県	6.2
5位	福岡県	4.4

お祭り好きな女性が多いと思う		
1位	大阪府	17.8
2位	高知県	4.9
3位	東京都	4.8
4位	青森県	4.7
5位	福岡県	4.3

家族の仲がいい		
1位	宮崎県	68.0
2位	滋賀県	64.0
2位	鹿児島県	64.0
4位	大分県	63.0
5位	広島県	62.0
5位	徳島県	62.0
5位	佐賀県	62.0

夫もよく子育てに参加している（いた）		
1位	鹿児島県	38.0
2位	岐阜県	37.0
3位	群馬県	36.0
4位	栃木県	35.0
4位	広島県	35.0
4位	佐賀県	35.0

「総合的に最も魅力的」の1位は、回答者の5人に1人が挙げた北海道。ここには掲載していませんが、同調査の「PR 上手だと思う都道府県」でも、北海道は1位でした。ちなみに、「PR 下手だと思う都道府県」ランキングでは、1 位・茨城県、2 位・島根県、3 位・群馬県となっています。

都道府県の自慢ランキング

（単位：%）

「食べ物の美味しさ」が自慢		
1位	山形県	64.0
2位	富山県	53.0
3位	石川県	52.0
4位	高知県	50.0
5位	福井県	49.0

「お酒の美味しさ」が自慢		
1位	新潟県	44.0
2位	秋田県	39.0
3位	高知県	36.0
4位	鹿児島県	34.0
5位	山形県	30.0

「美男美女の多さ」が自慢		
1位	福岡県	19.0
2位	秋田県	17.0
3位	熊本県	10.0
4位	沖縄県	8.0
5位	高知県	7.0

「治安の良さ」が自慢		
1位	山形県	46.0
2位	島根県	40.0
3位	福井県	38.0
4位	鳥取県	38.0
5位	富山県	36.0

「スポーツの盛んさ」が自慢		
1位	広島県	39.0
2位	静岡県	20.0
3位	宮崎県	18.0
4位	宮城県	13.0
4位	鹿児島県	13.0

「子育てのしやすさ」が自慢		
1位	福井県	27.0
2位	鳥取県	22.0
3位	滋賀県	20.0
4位	佐賀県	19.0
5位	富山県	18.0
5位	宮崎県	18.0

「出身者に有名人がいる」ことが自慢		
1位	長崎県	32.0
2位	沖縄県	31.0
3位	広島県	24.0
4位	福岡県	22.0
5位	熊本県	21.0

「真面目な人の多さ」が自慢		
1位	富山県	24.0
2位	石川県	18.0
2位	鳥取県	18.0
4位	島根県	17.0
5位	鹿児島県	15.0

「優しい人の多さ」が自慢		
1位	宮崎県	29.0
1位	沖縄県	29.0
3位	静岡県	22.0
3位	鹿児島県	22.0
5位	長崎県	21.0

現在住んでいる都道府県について、自慢できることは何かを聞き、自慢できると回答した割合の高さから算出されたランキングです。ここに掲載したランキングでは、東北地方や九州地方の県が多数挙がっています。

会話に深みを

偉人の名言

仕事への情熱が静かに沸き立つ名言をご紹介。

社内コミュニケーションで役立つ！　～上司から部下へ

自分で薪を割れ、二重に温まる。

ヘンリー・フォード（1863〜1947年）
米国の自動車メーカーのフォード・モーター創立者

解説　寒いときに自分で薪を割れば、火をたけるだけでなく体も温まる。健康にもよく効率がよいということ。自分でやることの大切さも意味していると読める。フォードは、世界初のコンベアライン式でT型車の大量生産を始めた。生産効率とともに、従業員の最低賃金も上げた。

若者は勇猛に頼り、壮年は相手の強弱を測って戦う。

伊達政宗（1567〜1636年）
戦国武将。仙台藩初代藩主

解説　若い者と経験や年齢を重ねた者では、戦い方が違う。しかし、どちらも大事な戦力である。政宗が強い2人の敵を見て、それぞれの年齢を言い当てた。

およそ主君をいさめる者の志、戦いで先駆けするよりも大いに勝る。

徳川家康（1543〜1616年）
江戸幕府の初代将軍

解説　目上の者の誤りや行き過ぎた行動を見直すよう意見する部下は、先頭を切って敵陣に槍を入れる勇敢な者より値打ちがあると言っている。家康が重んじた部下の像が見てとれる一言。

※参考文献は174ページに記載しました。名言の解釈は諸説あり、また古典や外国語を翻訳した言葉などは原文と微妙なニュアンスの違いがあることもあります。

社内コミュニケーションで役立つ！ ～部下から上司へ

上下欲を同じくする者は勝つ。

上下同欲者勝

『孫子』（中国・春秋時代）

呉の孫武が書いたとされる兵法書

解説 組織で指揮を執る者も、末端の者も、同じ目標を持って取り組んでいけば勝つ（良い結果を得られる）ということ。『孫子』は、武官を採用する科挙（官吏登用試験）にも使用されていた兵法書。

私は私の意見を述べる。

ミシェル・ド・モンテーニュ

（1533～1592年）

フランスの思想家。著書に『エセー（随想録）』

解説 この名言の後に「それがよい意見だからではなく、私自身の意見だからだ」と続く。意見の良しあしではなく、自分が考えていることを述べるという、当たり前のようで難しいことを表した一言。

社内コミュニケーションで役立つ！ ～チームワーク強化に

まず和して、しかる後に大事をなす。

先和而後造大事

『呉氏』（中国・戦国時代）

作者は不明とされる兵法書

解説 「和して」は「皆で心を一つにして」といった意味で、大きな仕事をなし遂げるには、まず皆で一致団結を図ることが大切ということ。

人は城、人は石垣、人は堀、情けは味方、仇は敵なり。

武田信玄（1521～1573年）

甲斐武田家の第19代当主。「甲斐の虎」と呼ばれた

解説 人というのは、身を守る城や、石垣、堀のようなものなので大切にしようということ。信玄は立派な城は持たず、民の住む城下町の形成に注力した。そのようなことから、名言は後に作られたものともいわれる。

計画のない目標は、ただの願い事にしかすぎない。

サン・テグジュペリ（1900～1944年）
フランスの作家、パイロットで代表作に『星の王子様』

解説 サン・テグジュペリは、フランス陸軍や郵便機のパイロットとしても活躍した。様々な著書などからも分かるように、命を懸けて飛行機に乗っていた。目的地には、到達したいという思いだけではたどり着かない。実現可能な計画を立て実行することが大切ということ。

行動は言葉より雄弁である。

ウィリアム・シェイクスピア（1563～1616年）
英国の劇作家、詩人

解説 言葉よりも、行動がその人の考えをよく示すということ。あれこれ言うよりも、行動を起こすことが大事ということでもある。

もし好機が来なかったら、自分で好機をつくり出せ。

サミュエル・スマイルズ（1812～1904年）
英国の作家、医師

解説 チャンスは待つだけでなく、つくり出せばいいと気づかせてくれる言葉。

目標達成に向けて！　～人の心をつかむヒント

用兵の道は心を攻むるを上となし、城を攻むるを下となす。

用兵之道、攻心為上、攻城為下

『三国志』（中国・魏、呉、蜀、三国時代）

魏・呉・蜀について書かれた歴史書

解説 人の心を攻め落とす戦い方が上で、武力で城を攻め落とすのは下だとする言葉。

自信ある行動は、一種の磁力を有す。

ラルフ・ワルド・エマーソン（1803～1882年）

米国の思想家、作家

解説 自信に満ちあふれた行いは、磁力があるかのように人や運など、必要あるものを引き寄せることができるという名言。

目標達成に向けて！　～人に否定されたときに

有能な者は行動するが無能な者は講釈ばかりする。

バーナード・ショー（1856～1950年）

アイルランド出身の劇作家

解説 あまり有能でない人は、話をするばかりで行動を起こさないということ。バーナード・ショーは、英国や米国で活躍。主な作品は『人と超人』『聖女ジョウン』など。1925年にノーベル文学賞を受賞している。

行いは己のもの、批判は他人のもの。私の知れたことではない。

勝海舟（1823～1899年）

江戸幕府の幕臣

解説 批判を気にしていては、信念を貫いた行動は取れない。様々な批判もあるなか、勝海舟は和平を重んじ江戸城を無血開城へと導いた。

臆病者にはすべての敵が大軍に見える。

織田信長（1534～1582年）

戦国武将

解説 信長が発したといわれる名言。臆病だと、敵の状況を冷静に把握できなくなり、とにかく大軍に見えてしまう。信長は、1560年の「桶狭間の戦い」で、数万の大軍を率いた今川義元に対して、数千の兵力で勝利したといわれている。

20年後には自分がやったことよりも、やらなかったことに失望するだろう。

マーク・トウェイン（1835～1910年）

米国の作家。代表作に『トム・ソーヤーの冒険』

解説 行動を起こせば学びやその結果を得られるが、やらないという選択肢は、のちに失望が待っているということ。この一節の後に、「ゆえに、もやい綱(※)を解き放て。安全な港から船を出し、貿易風も帆に捉えよ。探検し、夢を持ち、発見せよ」と続く。

※もやい綱は船をつなぐ綱のこと。

君、人に熱と誠があれば何事でも達成するよ。

北里柴三郎（1853～1931年）

「日本の細菌学の父」と呼ばれる医学者、教育者

解説 予防医学の礎を築いた医学者の言葉。北里柴三郎はペスト菌の発見者として知られる。肖像が新千円札の図柄に採用される予定である。

モチベーション維持に！　〜停滞したときに効く言葉

困難は分割せよ。

ルネ・デカルト（1596〜1650年）
フランスの哲学者、数学者

解説 困難にぶつかったら、解決に向けて何がどのように問題なのか、分解・整理すれば大事なことが見えてくるということ。デカルトは、「我思う、ゆえに我あり」の言葉で有名。直交座標（デカルト座標とも呼ぶ）を発明した人物でもある。

よりよい方法は常にある。それを見つけよ。

トーマス・エジソン（1847〜1931年）
米国の発明家

解説 何かうまくいかなかったときも、うまくいくようにその方法を考え、うまくいっているときも、よりうまくいくような方法があるはずだ。それを見つけて進歩していこうと、前向きになれる言葉。

モチベーション維持に！　〜あきらめかけたときに

忍耐は苦い。しかし、その実は甘い。

ルソー（1712〜1778年）
フランスで活動した哲学者、政治哲学者

解説 忍耐の末に得た結果は甘い果実のようだということ。『社会契約論』で有名なルソーの名言とも、西洋のことわざとも言われる。

粘り強さほど大切なものはない。

ジョン・D・ロックフェラー（1839〜1937年）
米国の実業家（スタンダード・オイル創業者）

解説 石油事業で大成功を収め、史上最大級の資産を築いたといわれている実業家の名言。幾多の困難・失敗を乗り越え大財閥となり、晩年は慈善事業に私財を投じた。

あなたが転んでしまったことに関心はない　そこから立ち上がることに関心がある。

エイブラハム・リンカーン（1809〜1865年）
米国第16代大統領

解説　失敗や挫折をしたときに、そこからどう立ち上がっていくか、その在り方が重要だということ。リンカーンは奴隷制の廃止のために闘った大統領で、米国で現在も敬愛されている。

仕事を追い、仕事に追われてはならない。

ベンジャミン・フランクリン（1706〜1790年）
米国の政治家、発明家、科学者

解説　仕事は希望や目標に向かって取り組んでいくもので、追われてこなすだけになってしまっては本末転倒である。

もうこれで満足だというときは、すなわち衰えるときである。

渋沢栄一（1840〜1931年）
「日本の資本主義の父」と呼ばれた実業家

解説　満足をしてしまっては、成長も発展もせずに止まってしまうということ。渋沢栄一は、日本初の銀行や、企業約500社の設立に関わった人物。

実行することが大事！　〜未来志向になれる言葉

今日始めなければ、明日には終わらない。

ヨハン・ヴォルフガング・フォン・ゲーテ
（1749〜1832年）
ドイツの詩人、小説家、劇作家

解説　やろうと思っていることは先延ばしにしてはならないということ。

希望は大事にしよう。

ウィンストン・チャーチル
（1874〜1965年）
英国の政治家、第二次大戦時の首相、作家

解説　この言葉の後に、「しかし、現実をないがしろにしてはならない」と続く。チャーチルは、第一次と第二次世界大戦の激動の時代の政治家で、ヒトラーから英国を守り、今でも英国人に敬愛されている。

実行することが大事！　〜物事に誠実に向き合う

現実はいつも公式からはみ出す。

ジャン・アンリ・ファーブル
（1823〜1915年）
フランスの博物学者、教師

解説　現実は考えていた通りにいかないことが多いということ。ファーブルは自分の目でしっかり見ることを大切にし、様々な昆虫の観察・実験を通して、多くのことを発見をしている。

一誠《いっせい》、兆人を感ぜしむ。

吉田松陰（1830〜1859年）
幕末の志士。松下村塾主宰

解説　どんなことも誠実に対応すれば、多くの人が感動するだろうということ。松陰は山口・萩の松下村塾で、高杉晋作や伊藤博文などを指導した人物。

会話に深みを

知っておきたい経済用語

ビジネスパーソンとして最低限押さえておきたい用語をいくつかご紹介。特に日経新聞を読む上で知っておくと役立ちます。

経済トレンドは知っておきましょう

暗号資産

解説 暗号資産(仮想通貨)は、日本円やアメリカドルのように国による管理はないが、通貨のように利用されている電子通貨。決済や送金データのやり取りを、複数のコンピューターで管理する技術(ブロックチェーン)が使われ安全性が高いとされるが、ハッキングによる外部流出事件も発生。仮想通貨には、有名なビットコインをはじめとして2000種類以上あるとされる。

一帯一路(いったいいちろ)

解説 一帯一路(シルクロード経済ベルトと21世紀海洋シルクロード)は、その言葉通り現代に陸(一帯)と海(一路)のシルクロード周辺国で一大経済圏を目指すという中国の構想。アジアからインド・中央アジア、中東を経由してヨーロッパにまたがる大規模プロジェクトだが、中国の手法と各国の負担をめぐり賛否が分かれている。

インバウンド

解説 インバウンド(Inbound)は主として海外からの訪日観光客を表す。年間で人数が約3119万人(2018年、日本政府観光局)、旅行消費額が4兆5189億円(18年、国土交通省観光庁)となり、年々増加の一途をたどっている。日本政府は20年に4000万人の訪日観光客を目指している。

M&A(合併・買収)

解説 M&A(Mergers & Acquisitions)とは、事業の売買や複数の事業を一つに統合する手段で、所有する株式を売却して企業の経営権を委ねたり、企業の一部(事業)を企業に売却したりすること。

為替

解説 為替は各国の通貨間の交換比率、両替のレートのこと。為替は貿易収支に影響するため国家間の貿易摩擦の要因になる。特に日本企業に影響が大きい日本円とアメリカドルの相場がいくらくらいなのかは押さえておくとよい。

一般的に通貨安になれば輸出に有利(輸入は不利)、通貨高になれば輸入に有利(輸出が不利)に働く。円高になれば円高還元セールで海外のブランド品が安くなるのは、この理屈から。

CASE(ケース)

解説 自動車産業の今後の動向を示す言葉(以下の4語の頭文字から)。Connected(つながる)は車両の状態や道路状況などのデータを集め分析すること。Autonomous(自動運転)は文字通り自動運転車の技術。Shared & Services(シェア/サービス化)は自動車を所有ではなく共有すること。Electric(電動化)は自動車の電動化。

コト消費・モノ消費

解説 コト消費はただモノを買うのではなく、体験や経験に価値を見いだして購入する消費のこと。旅行やパーティーへの参加、高級ホテルへの滞在など所有よりも出来事（コト）・サービスを重要視する消費性向。住宅や家具・家電、自動車などの所有を目的に購入することをモノ消費という。

時価総額

解説 時価総額は企業価値を金額で表したもので、いわば会社の値段のようなもの。その企業の株価に発行済み株式数をかけて算出されるので、誰でも調べることができる。日々の株価変動、株式の新規発行や償還で株式数が変わることなどで時価総額も増減する。

ＧＤＰ（国内総生産）

解説 国の経済規模を示す重要な指標。数値の伸び率が経済成長率となる。３カ月ごとに内閣府より発表されており、２０１８年は、約５３０兆円、成長率０・８％だった。

２０２５年問題

解説 団塊の世代（第一次ベビーブーム、１９４７年〜49年生まれ）が75歳以上となる２０２５年ごろに日本で起こる様々な問題のことを指す。５人に１人が75歳以上となり、医療や介護、福祉サービスに大きな負担がかかると思われ、人口減少・現役世代の比率減少に相まって国や自治体の財政負担がさらに増加する。

日経平均株価

解説 日経平均株価（Ｎｉｋｋｅｉ２２５）は代表的な株価指標の一つで、東証一部上場企業（約２０００社）のうち２２５社の銘柄を対象に算出される。日本の経済指標として東証株価指数（ＴＯＰＩＸ）と共に参考にされる。

貿易協定

解説 貿易協定は国家間での貿易の取り決めで、ＦＴＡやＥＰＡ、ＴＰＰなどがある。関税や輸入制限、投資や流通の制限や規制の緩和もしくは撤廃を進める協定で、国際貿易の活性化を目指している。

ＭａａＳ（モビリティ・アズ・ア・サービス）

「ＩＴを活用して移動手段を新たなサービスへと進化させるもの」といった概念で、カーシェアリングやライドシェアなどがその一例。

会話に深みを

ビジネス・マーケティング用語

今さら聞けないというような言葉を紹介。マーケティングでは心理学に由来する言葉も多いです。

専門用語をうまく活用して一段上を行く雑談を！

アンカリング効果

解説 最初に示された数値や情報が、判断の基準点になること。アンカリングとは、ある一定の位置に船が碇を下ろすことで、消費者に基準値を定める行為。定価1万円の商品を5000円で売る場合、5000円とだけ表示するよりも「定価1万円が5000円に」と、1万円という基準を示すことでお得な印象を与え、買い意欲が高まるといった心理。

アンバサダー・マーケティング

解説 ソーシャルメディアなどで、気に入った商品やサービスについて（自発的に）クチコミ発信するような人を活用したマーケティングの手法。

インフルエンサー・マーケティング

解説 消費行動に影響力のある人のことをインフルエンサーと呼ぶ。そうした人物を活用した宣伝・販売戦略のこと。ウェブマーケティングの一つ。

おとり効果

解説 ある2つの商品に比べていまいちな商品（おとり）を用意することで、消費者の選択行動が変化すること。選択肢が商品A1000円、商品B2000円2つの場合は、商品Aを選ぶ人が多いが、おとりとして商品C3000円を投入すると、商品B2000円を選ぶ人が多くなるなどの現象。

カクテルパーティー効果

解説 自分に関係のある事柄には、無意識でも、雑音に紛れた環境でも、自然と意識が向くこと。パーティー会場のように大勢の人が会話している中でも、自分の名前は聞き取れたり、気になる会話をしている人の声を聞き分けたりすること。

カリギュラ効果

解説 禁止されると、かえってやってみたくなること。例えば、「このボタンを押すな」と書いてあると、つい押してみたくなること。1980年に米国で公開された映画『カリギュラ』が一部の地域では上映禁止となったが、それにより一層話題となったことに由来する。

希少性の原理

解説 入手困難なものほど価値があるように感じること。数量限定や期間限定など、早く購入しなければ入手できないという希少性を訴求すると、購買意欲が高まるなどの効果がある。

キュレーター／キュレーション

解説 キュレーターとは、もともと博物館や美術館などの学芸員のこと。現在では、主にインターネット上で、独自の視点で情報を収集・整理（キュレーション）して発信し、一定の人たちに影響力を持つ人をキュレーターと呼ぶ。

ゲインロス効果

解説 ファーストインプレッションは悪いが、後からそれが良くなると、より高い評価になること。ゲイン（得る）とロス（失う）の大きな差による 「ギャップもえ」「ツンデレ」などの現象。

コモディティー化

解説 付加価値の高い商品（特徴的な商品）やサービスが、同等のものが出回ることにより市場価値が低下して、一般的な商品になること。どのメーカー・企業のものでも大差ないので、価格が購買の決め手になるようなこと。

ザイオンス効果

解説 「単純接触効果」ともいわれるもので、何度も会っていると、その人の好感度がどんどんアップしていくこと。人だけでなく、何度も見ているCMの商品に興味を持ったり、よく聞く歌を好きになったりする。

スイッチング・コスト

解説 利用している商品・サービスを、同類のものに切り替える際に発生するコスト。金銭的なコストだけでなく、切り替えの際の手間や時間的コスト、心理的なコストなども含まれる。

パラダイムシフト

解説 価値観、考え方、常識が劇的に変わること。天動説から地動説への転換などが例として挙げられる。

ハロー効果

解説 人やモノの大きな一つの特徴が、他の特徴の評価にも影響を及ぼすこと。例えば、難関資格を持っている人を、仕事もできる人だと判断してしまう心理。難関資格の取得と仕事ができる・できないは実際は関係ない。ハロー（halo）とは、聖人の後光、光背のこと。

フェルミ推定

解説 正確な数値を出すのが困難なものを、いくつかの手掛かりとなる数値を基に論理的に推定すること。「ある地域で、○○はどのくらい消費されているか」「全国に○○は何個くらいあるか」などの課題に対して、その概数を導き出す手法。

メラビアンの法則

解説 話し手が聞き手に与える影響を数値化すると、言葉（内容そのもの）7％、声（聴覚情報）38％、見た目（視覚情報）55％になるというもの。

会話に
深みを

企業名・ロゴの雑学

誰もが知る有名企業のエピソードは、アイスブレークや話題転換など、色々使えます。

とっておきの「企業トリビア」

アマゾン（アマゾン・ドット・コム）

解説 ロゴでは、矢印が「a」から「z」に伸びている。「A to Z」、あらゆる商品がそろっていることを意味している。また、この矢印は、顧客満足度を表すため「スマイルマーク」の口のようになっている。

Adobe（アドビシステムズ）

解説 米国カリフォルニア州にあるアドビ川という川に由来する。

江崎グリコ

解説 「ゴールインマーク」の2代目のランナーのモデルは、NHK大河ドラマ『いだてん～東京オリムピック噺～』のモデルにもなった金栗四三。

花王

解説 化粧せっけんが「顔洗い」と呼ばれていたことから、「カオ（顔）せっけん」→「花王石鹸」が誕生。

菅公（カンコー）学生服

解説 学業の神様、菅原道真公（菅公＝カンコー）にちなむ。

キリンビール

解説 ビールなどの商品に描かれている麒麟イラストには「キ」「リ」「ン」の文字が隠されている。

幻冬舎

解説 作家の五木寛之氏が命名。「幻冬」は厳冬に通じ、厳しい冬を生き抜いて大きく成長せよとの気持ちから。

コクヨ

解説 創業者が、「国の光、誉（ほま）れになる」となる気持ちを込めて、「国誉」という商標を使い始めた。

ジュンク堂書店（現：丸善ジュンク堂書店）

解説 創業者、工藤淳氏の名前から。

ゼブラ

解説 ゼブラ＝シマウマだが、シマウマは斑馬とも書く。「斑」を分解すると、『王』と『文』になり、文房具界の王という意味も込められている。

※ 企業の公式サイトなどを参考にしています（一部異なるものもあります）

セブン-イレブン

解説 ロゴの最後だけ、小文字になっている。デザイン上の理由とされるが、真偽は不明。なお、オレンジは「朝焼け」、レッドは「夕焼け」、グリーンは「オアシス」を表している。朝から夜まで、客のオアシスでありたい、という思いから。

千趣会

解説 こけしの頒布販売から始まる。「こけし千体趣味蒐集の会」に由来。

DHC(ディーエイチシー)

解説 「大学翻訳センター(Daigaku Honyaku Center)」としてスタート。

ドトールコーヒー

解説 創業者がブラジルのコーヒー農園で働いていた時に住んでいた地名「ドトール・ピント・フェライス通り85番地」から。

ビックカメラ

解説 「Bic」は、バリ島のスラングで、「Big」の意味(大きい)だけでなく中身を伴った大きさを表す。

フマキラー

解説 フライ(蠅)の「フ」、マスキート(蚊)の「マ」に、killer(キラー)を付けたもの。

ブラザー工業

解説 安井ミシン兄弟商会だったことから。

メルカリ

解説 ラテン語で「商いする」との意味の「mercari」に由来。

モスバーガー(モスフードサービス)

解説 「Mountain(山)」「Ocean(海)」「Sun(太陽)」の頭文字をとって「MOS」となった。

ローソン

解説 米国オハイオ州、J.J.ローソン氏の「ローソンミルク社」が社名とロゴマーク。

会話に深みを

ビジネスリーダーのエピソード

著名なビジネスリーダーの略歴、発言、仕事術は、ビジネスシーンで話題に挙がることがよくあります。

※敬称略。肩書きは代表的なもの。略歴は一部抜粋。2019年9月時点。

ビジネスリーダーの考え方・仕事術を参考に！

孫 正義（そん・まさよし）

ソフトバンクグループ代表取締役会長兼社長

略歴 カリフォルニア大学バークレー校卒。1981年に日本ソフトバンク（現ソフトバンクグループ）を設立。福岡ソフトバンクホークスなどの取締役オーナーなども務める

- 2006年ボーダフォンを買収し、携帯電話事業に参入した
- 04年、福岡ダイエーホークスを買収
- フォーブス誌の19年「世界長者番付」で43位

青野慶久（あおの・よしひさ）

サイボウズ代表取締役社長

略歴 大阪大学工学部情報システム工学科卒業後、松下電工（現パナソニック）に入社。1997年にサイボウズを設立

- 3児の父として、3度の育児休暇取得
- 「選択的夫婦別姓制度」導入を求め、国に対して訴訟を起こすなど、夫婦別姓の実現のために活動

森川 亮（もりかわ・あきら）

C Channel代表取締役社長

略歴 1967年生まれ。筑波大学を卒業後、日本テレビ放送網へ入社。その後、ソニーを経て、2003年、ハンゲームジャパン（現LINE）に入社。07年、社長に就任。15年3月に社長を退任し、4月にC Channelを設立

- 日本のオンラインゲームコミュニティーを育て上げた（ハンゲーム）
- 2011年に「LINE」サービスを開始
- C Channelは、女性向け動画プラットフォーム

前澤友作（まえざわ・ゆうさく）

元・ZOZO代表取締役社長

略歴 高校卒業後、米国で半年間遊学。音楽活動の傍らで、輸入レコード・CDのカタログ通販ビジネスを行う。1998年にスタートトゥデイを設立

- 月旅行計画、有名絵画（バスキアの作品）の購入、ツイッターでの「総額1億円のお年玉」企画などで注目される
- タレントの紗栄子、剛力彩芽との交際も話題に

三木谷浩史（みきたに・ひろし）

**楽天代表取締役会長兼社長
最高執行役員**

略歴 一橋大学商学部卒業後に、日本興業銀行（現みずほ銀行）入行。1997年にインターネット・ショッピングモール「楽天市場」を開設

●「社内公用語」を英語化。社員にプログラミング能力を求める
●2004年にプロ野球参入で話題を集める
●金融、通信、ヘルスケアビジネスにも参入

藤田 晋（ふじた・すすむ）

サイバーエージェント代表取締役社長

略歴 青山学院大学経営学部卒業後、インテリジェンス（現パーソルキャリア）に入社。1998年にサイバーエージェントを設立。AbemaTV代表取締役社長も務める

●女優の奥菜恵と結婚（後に離婚）
●16年にインターネットテレビのAbema TVを開局

熊谷正寿（くまがい・まさとし）

**GMOインターネット 代表取締役
会長兼社長・グループ代表**

略歴 1963年生まれ。91年ボイスメディア（現GMOインターネット）設立

●私立国学院大学付属高校に首席で入学するも中退
●父親は、戦後様々な事業を興した実業家
●GMOインターネットの約4割の株式を所持
●1級小型船舶免許や、ヘリコプターの自家用パイロット免許など、陸、海、空の様々な免許を所持している

山田進太郎（やまだ・しんたろう）

メルカリ代表取締役CEO（社長）

略歴 早稲田大学教育学部卒。大学在学中に楽天のインターンに参加。2001年にウノウを設立。13年にメルカリ設立

●電子決済サービス「メルペイ」をリリース
●サッカーJ1の鹿島アントラーズの経営権取得

豊田章男（とよだ・あきお）

トヨタ自動車代表取締役社長

略歴 慶應義塾大学法学部卒。祖父の豊田喜一郎が、トヨタ自動車の創業者。フランス政府より「レジオン ドヌール勲章 オフィシエ」（民間人の卓越した功績を表彰）を授与される

- レーシングドライバーとしての顔を持つ（レーシングネームをモリゾウと名乗る）
- 2019年3月期（18年4月〜19年3月）連結決算は、売上高過去最高を記録。日本企業としては初めて30兆円を超えた

星野佳路（ほしの・よしはる）

星野リゾート代表取締役社長

略歴 慶應義塾大学経済学部卒。100年以上続く老舗企業、星野温泉（星野リゾート）の4代目社長

- ホテル・リゾート施設の運営サービスに特化。「星のや」「界」「リゾナーレ」の3ブランドで急成長
- 東京のビジネス街・大手町に天然温泉を引いた「星のや東京」が話題となった
- 徹底したホスピタリティー

稲盛和夫（いなもり・かずお）

京セラ・第二電電（現・KDDI）創業者

略歴 1932年生まれ。59年京都セラミック（現京セラ）を設立。84年には、第二電電企画を設立（現KDDI）。2010年2月からは、日本航空（JAL、現日本航空）会長に就任。15年4月名誉顧問に

- 「アメーバ経営」と呼ぶ、経営管理手法を生み出す
- 戦後最大の負債額を抱えて経営破綻した日本航空（JAL）を再建

出口治明（でぐち・はるあき）

立命館アジア太平洋大学学長

略歴 京都大学法学部卒業後、日本生命保険に入社。2006年にライフネット生命保険を創業。18年1月に立命館アジア太平洋大学学長に就任

- インターネットでの生命保険の販売を始めたパイオニア
- 『世界史の10人』や『教養が身に付く最強の読書』など、歴史や教養に関する著作多数

柳井 正（やない・ただし）

ファーストリテイリング 代表取締役会長兼社長

略歴 早稲田大学政治経済学部卒業。1972年、父親の経営する小郡商事に入社。84年にユニクロ第1号店をオープン

●ユニクロ店舗を世界中で展開
●SPA（製造小売業）モデルの開発
●フォーブス誌の2019年「世界長者番付」で41位。日本人では1位

元谷芙美子（もとや・ふみこ）

アパホテル取締役社長

略歴 1994年からアパホテル取締役社長に就任。夫はアパグループ代表。長男はグループ統括会社の代表取締役社長、次男はアパホテル代表取締役専務

●アパホテルは、駅前立地に特化したビジネスホテルを展開。現金キャッシュバックなどの仕組みをいち早く導入。
●歌手としても活動し、CDをリリースしている

新浪剛史（にいなみ・たけし）

サントリーホールディングス代表取締役社長

略歴 1959年生まれ。81年、慶應義塾大学卒業、三菱商事入社。2002年ローソン社長、14年同社会長に。14年からサントリーホールディングス社長に

●三菱商事時代、ハーバード大ビジネススクールでMBAを取得
●サントリーでは、創業家以外からトップが就任したのは、新浪氏が初めて

永守重信（ながもり・しげのぶ）

日本電産代表取締役会長 CEO

略歴 1944年京都府生まれ。73年、日本電産を設立。2018年3月、学校法人京都学園（現・京都先端科学大学）理事長に就任

●わずか4人で創業。モーター分野で世界的な企業に育てた
●3つの経営手法「井戸掘り経営」「家計簿経営」「千切り経営」を提言している

あとがき

講演の前には緊張で手が震え、うまく話ができるかどうかドキドキします。

これは本当のことです。２人組の講師として講演をするようになって10年以上たちますが今でも変わりません。講演を数多くこなし、今回雑談に関する本を書いた私たちでもそうなのですから、社会人になって間もない方や、会話に苦手意識を持っている方であればなおさらのことかと思います。

どうすればそんなにうまくお話しできるのですか？と聞かれることが多いのですが、私たちからすれば一生懸命に話しているだけです。必死に話せば必ず相手に通じるとは言いません。ただし、できる限りの事前準備と、これだけは伝えたいという熱意を持つことで、相手の心に何かを残すことができると思います。

私たち２人は、まるで漫才のような掛け合いトークという珍しいスタイルで講演を行っています。ステージ上で入れ替わり立ち替わり話し手となり、時にはコントのように2人で話し、時には聴衆に話しかけることで、堅苦しく難しい経済や時事ニュースを楽しく分かりやすくお話ししています。企業では既存社員の勉強会や内定者・新入社員向けの研修として、大学では世の中の動きを学ぶ授業や就活ガイダンスのセミナーなどでお話をさせていただいています。

本書では、私たち2人がこれまでの経験から気づき学んだビジネスにおける「雑談」の重要性と効果を、会話が苦手な人でも実践できるように、基本的なところからまとめました。

初めての著書ということで、うまくノウハウを伝えることができているか不安ではありますが、この一冊が皆様のステップアップにつながる一助になれば幸いです。

2019年11月

日経メディアプロモーション株式会社

増田 勝則

須原 敦

参考文献一覧

『人生を創る言葉』渡部昇一著（致知出版社）
『別冊 ＮＨＫ１００分de名著　老子×孫子「水」のように生きる』蜂屋邦夫・湯浅邦弘（ＮＨＫ出版）
『中国古典 一日一言』守屋洋著（ＰＨＰ研究所）
『世界名言大辞典 新装版』梶山健編著（明治書院）
『人生はニャンとかなる！　―明日に幸福をまねく68の方法』水野敬也・長沼直樹著（文響社）
『人生の名言１５００　あなたが変わる 偉人・賢人の魔法の言葉』別冊宝島編集部編（宝島社）
『伝えよう 心にのこる　偉人たちの名言』：国土社編集部編（国土社）
『渋沢栄一　１００の訓言』渋澤健著（日本経済新聞出版社）
『心に「ガツン」と刺さる！ホンネの金言１２４０』西東社編集部編（西東社）
『チャーチル名言録』中西輝政監修・監訳（扶桑社）

この他にも、多数の書籍・ウェブサイトなどを参考にさせていただきました。

日経メディアプロモーション株式会社
日本経済新聞社グループの多彩なコンテンツ・サービスを扱うグループ最大の総合営業会社

増田勝則(ますだ かつのり)
日経メディアプロモーション株式会社中部本部 人材育成事業担当 マネジャー。
1953年岐阜県生まれ。大学卒業後、金融業界・大手スポーツメーカーの販売会社・大手書店等でセールス最優秀賞を獲得、後に現職。人の心をつかむプレゼンテーション手法で企業・大学にて日本経済新聞の読み方やニュースの解説をテーマに講演。

須原 敦(すはら あつし)
日経メディアプロモーション株式会社中部本部 人材育成事業担当 認定日経読み方アドバイザー。
1969年大阪府生まれ。大学卒業後、IT企業のソリューション営業職を経て現職。企業・大学にて日本経済新聞の読み方やニュースの解説をテーマに講演。

相手をうならせ契約につなげる
仕掛ける雑談

発行日　2019年11月11日　第1刷
著者　日経メディアプロモーション株式会社　増田勝則
　　　日経メディアプロモーション株式会社　須原 敦
発行者　篠原昇司
発行　日経HR
　　　〒101-0045 東京都千代田区神田鍛冶町3-6-3
　　　編集部　TEL.03-6812-7303
　　　販売管理部　TEL.03-6812-7304
　　　URL　https://www.nikkeihr.co.jp

装丁・本文デザイン　金井久幸、藤 星夏(TwoThree)
DTP　明昌堂
本文イラスト　奈良裕己
校正　ぷれす
印刷・製本　大日本印刷

ISBN978-4-89112-192-1　C0034

本書に関するお知らせや訂正情報は、小社ウェブサイトで公開します。
本書の内容に関するご質問は以下のアドレスまでお願いします(お電話では受け付けておりません)。
book@nikkeihr.co.jp

乱丁本・落丁本はお取り替えいたします。